人类密码

大宝藏的大曝光
DA BAO ZANG DE DA BAO GUANG

杨宏伟 / 编 著

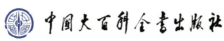
中国大百科全书出版社

图书在版编目（CIP）数据

大宝藏的大曝光 / 杨宏伟编著. —北京：中国大百科全书出版社, 2016.1
（探索发现之门）
ISBN 978–7–5000–9817–1

Ⅰ.①大… Ⅱ.①杨… Ⅲ.①科学知识–青少年读物 Ⅳ.①Z228.2

中国版本图书馆CIP数据核字（2016）第 024445 号

责任编辑：徐君慧　韩小群
封面设计：大华文苑

出版发行：中国大百科全书出版社
（地址：北京阜成门北大街 17 号　邮政编码：100037　电话：010-88390718）
网址：http://www.ecph.com.cn
印刷：青岛乐喜力科技发展有限公司
开本：710 毫米 × 1000 毫米　1/16　印张：13　字数：200 千字
2016 年 1 月第 1 版　2019 年 1 月第 2 次印刷
书号：ISBN 978–7–5000–9817–1
定价：52.00 元

前言
PREFACE

　　人类是地球上最具智慧的生命。我们要认清整个自然世界，因为自然是我们生存的摇篮；而我们更应认清自己，因为人类是地球的主人，是万物之灵，是自然发展的生物的高级阶段。

　　生命现象是我们最关心的，因为它是关乎人类能否生存的问题。千百年来，人们总是在问我们从哪儿来、怎样发展等问题。作为人类，如果我们不能解释清楚自身的起源与存在，那么就会永远处于混沌的蒙昧状态之中，就无法看清我们的生存与发展之路，当然也就谈不上真正意义上的生存质量与生命质量。

　　我们身体的各种组织和器官组成了人体，每一种组织、每一个器官都有不同的功能，其中还蕴藏着许多奥秘。但我们对自身的认识还远远不

够，还不能很透彻地认识自己，还存在许多难以破解的人体神秘现象。从认识人体自身开始，才能真正地认识人类和人类社会。

人类创造了悠久、灿烂的社会历史，时间长河将其许多华章慢慢湮没，斑驳的历史也给我们留下了许多未解之谜，特别是史前世界、玛雅文明、克里特文明、迈锡尼文明、苏美尔文明等的消失。这些问题的答案会给予我们很大的启示，使我们得以永续发展。

科技是人类社会前进的动力。科技的进步是循序渐进的、有一定的规律性。而已被发现的许多史前科技却大大超越了当时的生产力水平，就连现代科技也难以解释。是什么魔力使得史前科技如此高度发达呢？如果能破译史前科技之谜，寻找到神秘的创造力量，也许人类社会就能向更高的层次迈进。

人类社会创造了辉煌发达的物质文明，一处处的宝藏就是人类社会物质文明的库房，也是人类辛勤汗水的堆积。几千年的历史沙尘，封存了多少巨大宝藏呢？它们又被埋藏在什么地方呢？掌握宝藏的羊皮卷，叩开宝藏的芝麻门，这是很多人的梦想。发现宝藏，保护宝藏，让它造福于人类社会，这是我们的责任，也是我们的义务。

总之，人类社会的丰富多彩与无穷魅力就在于那许许多多的难解之谜，它吸引人们密切关注和不断探寻。我们总是不断地试着去认识它、探索它。虽然今天的科学技术发展日新月异，达到了很高的程度，但对于人类无穷的奥秘还是难以圆满解答。古今中外，许许多多的科学先驱不断奋斗，推进了科学技术的大发展，一个个奥秘不断被解开，但又发现了许多新的奥秘，又不得不向新的课题发起挑战。科学技术不断向前发展，人类探索的脚步永不止息，解决旧问题、探索新领域就是人类文明一步一步发展的足迹。

为了激励广大读者认识和探索人类社会的奥妙，普及科学知识，我们根据中外的最新研究成果，编写了本套丛书。本丛书主要包括生命密码、人体生理、史前文明、史前科技等内容，具有很强的系统性、科学性、前沿性和新奇性。

本套丛书知识全面、内容精练、语言简洁、通俗易懂、图文并茂，非常适合读者阅读和收藏。丛书的编写宗旨是使广大读者在趣味盎然地了解人类的神秘现象的同时，能够加深思考、启迪智慧、开阔视野、增长知识，正确了解和认识人类的奥秘，激发求知欲和探索精神，激起热爱科学和追求科学的热情，不断创造新的人类文明，推动人类历史向前发展。

Contents 目录

探径取幽疑无路

血雨腥风现黄金

"Sheng He Xi" Hao
Chen Chuan
Bao Zang

"圣荷西"号沉船宝藏

满载宝藏的"圣荷西"号帆船

据传说，"圣荷西"号沉没在距哥伦比亚海岸约2500米的加勒比海230米深的海底。1708年5月28日，西班牙大帆船"圣荷西"号从巴拿马起航返回它的祖国，船上满载着金条、银条、金币、酒杯、台灯、祭坛用品和珠宝。

据估计，这批宝藏至少价值10亿美元。当时，西班牙正与英国、荷兰等国处于敌对状态，英国著名海军将领韦格正率领着一支强大的舰队在巡逻，危险随时会降临在"圣荷西"号上。

沉没在海底的巨额财富

　　"圣荷西"号船长是费尔南德兹，虽然他知道英国海军将领韦格正率领着一支强大的舰队在附近巡逻，但费尔南德兹并不把这项威胁放在心上。一方面，他回国心切；另一方面，他过于迷信偶然性的幸运，他天真地认为"大海何其广大，不会这样巧就碰上了"。

　　"圣荷西"号帆船平安行驶了几天后，1708年6月8日，当人们惊恐地发现前面海域上一字排开的英国舰队时，全都傻了眼。

　　猛然间，炮火密布，水柱冲天，几发炮弹落在"圣荷西"号帆船的甲板上，海水渐渐吞噬了巨大的船体，"圣荷西"号帆船连同600多名船员以及无数珍宝沉入海底。

> ## 宝藏名片
>
> 名称：　"圣荷西"号沉船宝藏
> 价值：　10亿美元
> 地点：　加勒比海
> 时间：　1780年
> 事件：　西班牙满载宝藏的船只
> 　　　　被英国海军击沉

这批宝藏沉没在哪里

多年来，这批巨额宝藏让寻宝者垂涎不已，他们多次对这批宝藏进行水下探寻，然而令人失望的是，没有人能找到这批宝藏。这批宝藏究竟沉没在哪里了呢？经无数寻宝者的测定，"圣荷西"号帆船的沉没地点终于有了一个大概的结果：它在距哥伦比亚海岸约2500米的加勒比海230米深的海底。

1983年，哥伦比亚公共工程部长西格维亚说服总统，正式对外宣布："圣荷西"号帆船是哥伦比亚的国家财产，而不属于那些贪得无厌的寻宝者。

人们估计，哥伦比亚政府已经勘察出沉船的地点了，尽管打捞费用高达3000万美元，但与这批宝藏相比就算不了什么。

西班牙的黄金船队

1702年，西班牙还有一支黄金船队葬身海底。当时，西班牙财政出现赤字，国王菲利普五世命令南美洲西班牙殖民当局，把上缴和进贡的金银财宝用船火速送往西班牙的塞维利亚。1702年6月12日，17艘满载着从秘鲁和墨西哥掠夺来的金银珠宝的大帆船从哈瓦那离开，朝西班牙领海进发了，这就是西班牙历史上著名的黄金船队。就在黄金船队即将驶过最后也是最危险的海域时，在亚速尔群岛的海面上，突然出现了一支庞大的英荷联合舰队。面对由150艘战舰组成的10支英荷舰队，黄金船队决定驶向维哥湾暂时躲避。当时最明智的做法是立即把金银财宝从黄金船队上卸下来，改从陆路运往马德里，这样就会安全多了。可是当时西班牙当局规定，凡是从南美

宝藏名片

名称：西班牙黄金船队宝藏
数量：5000辆马车黄金
地点：西班牙西北部维哥湾
时间：1702年
事件：西班牙黄金船队遭遇英荷
　　　舰队袭击致使宝藏沉海

运来的货物，必须先到塞维利亚接受验收。

　　因此，西班牙当局不允许从黄金船队上卸下物品。不过在玛丽·德萨瓦皇后的特别命令下，国王和皇后的那部分金银珠宝还是卸了下来，从陆路运往马德里。

宝藏是如何沉没的呢

　　黄金船队在维哥湾平静地停泊了一个多月后，1702年10月21日，150艘英荷联合舰队在鲁克海军上将的指挥下，对维哥湾突然发起了攻击。

　　30000名英荷大兵，在3000多门大炮掩护下，很快就消灭了港湾沿岸的守军，摧毁了炮台和障碍物。

　　据说，面对如此大量的金银珠宝，英荷联军的战斗力骤然增强了10倍，不出几个小时，西班牙军队就全线崩溃。黄金船队总司令贝拉斯科做出了一个绝望的决定，下令烧毁运载金银珠宝的大帆船。

　　被焚烧的大帆船和其他被击中的战舰把维哥湾烧成一片火海，很快就控制了战场的英荷联军尽力想扑灭大火，他们救出并拖走了几艘大帆船，但是绝大部分帆船都已葬身大海。第三天早上，英国潜水员开始冒着风险潜入海底，捞回了一些战利品。但是，在西班牙地面突击队的炮火下，英荷联军不得不放弃打捞工作。据被英国人抓捕的海军上将恰孔介绍，有4000~5000辆马车的黄金沉入了海底。

深埋海底的巨大宝藏

　　几个世纪以来，一批又一批藏宝寻找者都在搜索这笔宝藏。有人打捞上来已空空如也的大帆船，还有人捞到了一些装着纯绿宝石、紫水晶、珍珠、黑琥珀和龙涎香等珠宝的箱子。

　　时至今日，仍有人使用现代化的技术与器材继续寻觅这批惊人的沉船宝藏。因为据传，这笔宝藏至少仍有一半沉没在维哥湾海域的泥沙底下。

大海的深处隐藏着难以胜数的巨额财宝

| # 古希腊海底
城的宝藏

海水吞没的阿波罗尼亚港

在利比亚班加西北200千米的东部海域，有一座古希腊建设的阿波罗尼亚港，现在这座港湾城市大部分已被海水吞没。以弗莱明克为首的剑桥大学考古调查团，为探明这座古代港湾城市的规模、设施等，于1958年、1959年对这一被海水淹没的遗址进行了调查。他们利用平板测量的原理，在塑胶绘图板上绘出了由于地壳下沉或海水上涨而半埋于海底的这一港湾的第一张实测图。由实测图可以了解到，在水深4米左右的海底，有船体、码头、仓库、瞭望台、围墙等极为复杂的港湾设施，港口由几个岛屿和山丘形成一个椭圆形的海湾，海湾与地中海之间由一条狭窄的水路相连接。港口分为内、外两港，内港修建了城堡，其上设置了瞭望台，周围以

围墙护卫。特意修建的狭窄的水路等设施，具有抵御敌船入侵、加强防卫的意义。阿波罗尼亚发现的遗物之一是石锚，这是船锚最原始的形式。

接连被发现的海底城市

1967年，发现了希腊的海底城市埃拉弗尼索斯，第二年，弗莱明克进行了调查。从海底发现了迈锡尼时代的街道、房屋群、石棺以及古希腊青铜时代的钵等遗物。由此分析，这一城市在古希腊青铜时代初期即已建成，是目前所见最古老的海底城市。1980年，苏联在里海东北部的曼库伊西拉克，发现了传说中被海水淹没的古代城市遗迹。苏联考古学家们在里海北端发掘，发现了中亚地区黏土制成的传统陶器及居民住址、玻璃装饰品、铸造物等。据专家推测，这一城市似乎就是14世纪时与中亚地区进行贸易活动的商人在地图上标出的城市拉埃迪。这一发现为目前正在后退的海岸线提供了的珍贵资料。这些海底城市是怎么被淹没的呢？海底城市里的金银财宝被发现了吗？既然海底埋藏了一座又一座的城市，那么被埋藏其中的珍宝就可想而知了。

宝藏名片

名称：古希腊海底城宝藏

数量：不详

地点：利比亚西北海湾

时间：14世纪

事件：古城被海水淹没

Mei Guo Jia
Zhou Huang
Jin Bao Zang | 美国加州
黄金宝藏

美国涌起的淘金热

19世纪初，美国独立以后，废除了英国政府颁布的禁止移民向西进发的敕令，许多来自东部沿海地区和欧洲的移民纷纷越过阿巴拉契亚山脉涌向西部。从19世纪20年代起，移民开始越过密西西比河，进入美国新扩张的地区。1848年，前进到加利福尼亚的人们在这里发现了金矿，立刻引起世界的轰动，迅速形成规模空前的淘金热。许多人放下手边的工作涌向旧金山，试图一圆淘金的梦想。由于加利福尼亚州的金沙就在地表层，所以

只要用一个普通的洗脸盆，就可以从沙里淘洗出黄金。这样的淘金使人们更加疯狂地涌入这里，美国从此很快成为世界上最大的产金国。

遭遇飓风的帆船

几年后，许多冒险家带着挖到的大批黄金，准备回家享受富裕的生活，他们从旧金山搭船到巴拿马，再转搭骡车横越巴拿马地峡，再搭船驶往纽约。然而，就在他们的船离开哈瓦那两天后，也就是在1857年9月10日，他们搭乘的"中美"号帆船在海上遇到了飓风，在狂风暴雨袭击下，这艘满载黄金的帆船开始下沉。当时船上共有乘客700多人，他们看到船帆被强风吹断，赶忙组成了自救队，幸好当时船上还有一些救生艇，但是它却容不下船上所有的人。在这最后的生死关头，淘金者将生存的机会留给了妇女和儿童，船上的400多位男士无一人生还。

由于淘金者全部沉入海底，而当时获救的妇女和儿童受到了巨大惊吓，不能准确地指出沉船所在的位置，因此，这艘满载黄金的"中美"号汽船葬于何处，成了一个未解之谜。曾经寻获几艘在美国内战中沉没船只的寻宝专家史宾赛，花了多年的时间来寻找这艘沉船，并深信已经找到"中美"号帆船沉船的地点，但不知为何，他一直到死也没有将这批黄金打捞上来。

彩虹尽头的
湖底宝藏

印第安人的登基仪式

据传，哥伦比亚的瓜达维达湖湖底有成千上万吨黄金和宝石，因此，从16世纪西班牙征服印加帝国后，对黄金、宝石的寻找和打捞就一直没有中断过。最后，人们确定哥伦比亚的瓜达维达圣湖便是传说中的黄金湖。

根据印第安人的传统，每一个新登基的国王都得到瓜达维达湖畔去举行加冕仪式，为取悦恶魔、自己的上帝和主宰，还得送去礼物。

举行加冕典礼的那一天，臣民们用芦苇扎好一只筏子，装饰得漂漂亮亮的，上面还摆好4个火盆。岸上聚集了一群又一群佩戴着羽毛、皇冠和

耳环的印第安人，他们一个个手里都擎着火把。当筏子上的火盆开始冒烟和散发出阵阵香气时，岸上的火把燃得更旺，这时的新国王被脱得一丝不挂，从头到脚洒满金粉，然后众人把他抬到筏子上，在他的脚跟前堆上一大堆祭品。

　　"王位继承人全身被洒上金粉……他的子民纷纷献上黄金和翡翠，在他的脚边堆成一堆……这位印第安新国王，把脚边所有的黄金全部丢进湖中，当作他对上帝的奉献。"这就是哥伦比亚穆斯卡印第安族最后一位国王的侄儿在17世纪初期所描述的穆斯卡国王传统的加冕仪式。

被惩罚的西班牙的寻宝者

　　1535年，西班牙征服者瑟巴斯蒂安·贝拉卡萨在现在的厄瓜多尔首都基多，遇见了一个名叫丹凯多的印第安人，他给入侵者讲了这个坐落在科迪勒拉山脉东北面的"黄金国"的故事。

　　丹凯多信誓旦旦地说，在他家乡黄金遍地，因为那里有瓜达维达圣湖，常常出现"金人"。印第安人将众多用纯金制作的物件倒进湖里，成百上千年来湖底堆积了数不清的财宝。

　　贝拉卡萨一心想要找到这个"黄金国"，于是组建了一支探险队，队员多是一些衣衫褴褛、

宝藏名片

名称：瓜达维达湖底宝藏

数量：1万吨左右

地点：哥伦比亚

时间：16世纪

事件：印第安国王登基时为取悦主宰
　　　历次投入湖中的祭品

饥肠辘辘和体弱多病的欧洲人。这支队伍一共花了两年半的时间才抵达瓜达维达湖岸。

西班牙人来到哥伦比亚之后，便在瓜达维达湖开始了寻宝活动，并购买了烧煤的抽水机。一天夜里，刮起了风暴，湖水冲击湖岸，抽水机被卷入湖底，继而恢复了平静。西班牙人找宝的企图无果而终，湖水惩罚了那些想探知它秘密的人。

彩虹尽头的宝藏还存在吗

　　欧洲人在过去几百年里，一直努力想把印第安人丢进瓜达维达湖的东西打捞出来。

　　最成功的一次寻宝活动是在1545年，西班牙人组织了一支寻宝队，在3个月内从较浅的湖底捞起几百件黄金用品。

　　1911年，一家英国公司挖了一条地道，把湖水抽干，但留下很厚的泥浆，太阳很快把泥浆晒成干硬的泥砖。待到这些英国人从欧洲运来钻探设备时，地道已被堵死，湖中再度充满湖水。

　　从1974年起，哥伦比亚政府派兵保护瓜达维达湖和湖中的宝藏，此后再也没有人能接近这批宝藏。

　　但是，哥伦比亚政府指定的考古专家和潜水队对瓜达维达湖展开深度挖掘，仅仅获得300件黄金器物，与传说中"黄金国"宝藏的数量相去甚远。这使专家们不禁发出疑问："黄金国"的大部分宝藏究竟去哪里了？

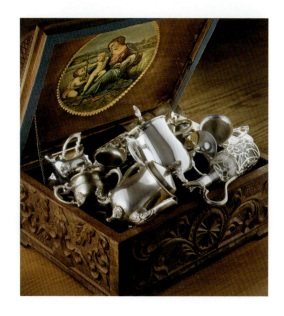

金银岛上的
多处宝藏

可可岛上的丰富宝藏

可可岛位于距哥斯达黎加海岸48千米的海中，方圆30平方千米。为何这么一个小岛会引起人们的广泛关注呢？原来，可可岛是17世纪海盗的休息站，据说，在岛上埋有6处宝藏，其中最吸引寻宝者的是秘鲁马的宝藏。

这个荒凉的小岛是被最多寻宝人彻底搜寻过的一个藏宝地点。在过去的四个世纪里，共有约450支寻宝队登上这个小岛，在它的海岸挖掘、寻找古代金币。

著名的古典小说《金银岛》据说就是以太平洋的可可岛作为背景演绎的故事。《金银岛》又译《宝岛》，是英国诗人及小说家史蒂文森所有作品中流传最广的代表作。《金银岛》共分为6部分，主要由一位名叫吉姆·霍金斯的少年自述他发现寻宝图的经过，以及在出海寻宝过程中如何智斗海盗，历经千辛万苦，终于找到宝藏，胜利而归的惊险故事。

诱人的秘鲁马宝藏

19世纪上半叶，南美各国反对西班牙殖民统治的民族独立运动进行得如火如荼，阿根廷民族英雄圣·马丁将军率领舰队沿智利海岸北上，准备解放被西班牙统治的秘鲁。当时秘鲁境内的西班牙殖民者人心惶惶，一片大乱。

趁西班牙人大乱之际，以威廉·汤普森为首的英国海盗，洗劫了秘鲁太平洋港口城市卡亚俄，劫掠宝物共有24箱。这些箱子里面装着一尊圣玛丽亚金像，大量的金币、金杯和许多金银首饰、宝石，可谓价值连城。

宝藏名片

名称：可可岛宝藏
数量：24箱珠宝
地点：距哥斯达黎加48千米的海岛
时间：19世纪
事件：英国海盗洗劫秘鲁城市财宝
埋藏于可可岛

英国海盗随即逃到了太平洋上，进入公海后，汤普森与同伴商量，决定将这些金银珠宝埋藏在当时无人居住的可可岛上。4天后，他们乘船离开了可可岛。然而在途中，他们遭到了大风暴的袭击，11名海盗全部落入海中。正当危急时，他们看到了一艘军舰，于是大声呼救。可谁知冤家路窄，这艘军舰正是来追踪这批英国海盗的，11名海盗全部被擒，怒气冲冲的船长当场枪毙了8名年长的海盗。剩下了3名18~20岁的年轻海盗，船长见他们年纪小，没舍得杀他们。

20年后，活下来的一名海盗又当了海员，在一次从古巴到加拿大的航行途中，他向一位好朋友透露了20年前的事。消息很快就传遍了全世界，可可岛也因此而知名起来。无数的寻宝人到可可岛探宝，使原本风光秀丽的小岛被炸得伤痕累累。

船长神秘的藏宝图

1820年，秘鲁首都利马仍是西班牙的殖民地。当被称为"解放者"的秘鲁民族英雄玻利瓦尔所率领的革命军即将进攻利马时，利马的西班牙总督仓皇出逃。

他将多年搜刮的财宝，包括黄金烛台、金盘、真人般大小的圣母黄金

铸像，以及利马其他一些西班牙贵族多年来搜刮来的财宝装上一艘"玛丽·迪尔"号的帆船上逃走。

汤普森就是这艘船的船长，他本来不是一个海盗，但是他被船上数不尽的财宝弄得神魂颠倒。于是汤普森船长见财起意，等船行驶到了海上，便杀死了西班牙总督。"玛丽·迪尔"号从此成了一艘名副其实的海盗船。为了安全起见，汤普森船长将这些财宝藏进了可可岛上的一个神秘的洞穴内，然而，在之后的日子里，他

却又一直没有找到适当机会重返可可岛取走这批宝藏。直至1844年，船长离开人世，留下了一张难辨真伪的藏宝图。

据传，在汤普森船长留下的那张藏宝图上暗示，在夕阳西照下，岛上的一座山峰会在地上映出一只鹰影，而汤普森船长埋藏的财宝就隐藏在鹰影和夕阳中间一个有十字架标志的洞穴中。这张图混杂在后来流传的形形色色的藏宝图中，诱惑着众多人前往可可岛。也许太神秘，也许太虚假，也许太隐蔽，这些传说中的宝藏仍然不见天日，依旧使人着魔。

可可岛上有关藏宝的资料和秘密被一代代相传，使之增添了更多的神秘色彩。许多探险者花费毕生精力，三番五次地去岛上探寻，先后有近千支寻宝队登上这个岛寻宝，但都无功而返。

1978年，哥斯达黎加政府宣布：从长远利益出发，为保护岛上丰富的

植物资源，决定禁止人们到可可岛上探宝。根据此项决定，旅游者在可可岛应交纳的税金是原来的10多倍，船只的停泊费也大大提高至原来的六七倍。这些措施大大地限制了旅游者的寻宝活动。

既然是为了保护植物资源，为什么单单只有可可岛实施了这项措施？这之中又隐藏了怎样一个新秘密呢？难道哥斯达黎加政府已经发现了其中的一部分宝藏吗？"金银岛"的宝藏会永远被埋葬吗？

最后一批寻宝人是1994年3月登岛探宝的，自此以后，探宝人再也不能去可可岛寻觅这批财宝了。

财宝是否已被人找到秘密运走，还是仍沉睡在岛上，时至今日仍是一个不解的神秘宝藏之谜。

红色处女军
藏宝

初建红色处女军

捷克9世纪初的女王丽布施以创建布拉格城堡而闻名于世，她手下的一名女卫队长普拉斯姐则以创建"红色处女军"彪炳史册，并且埋藏了一批巨额宝藏，成为捷克历史上的千古之谜。

普拉斯姐兢兢业业地为女王服务，与女王结下了很深的感情。丽布施女王去世后，普拉斯姐深感悲痛，她不愿意再为国王普热美斯公爵效劳，便率领自己手下的女兵来到捷克北部的维多夫莱山，从此占山为王。

普热美斯公爵曾派一名使臣到维多夫莱山区，试图把普拉斯妲重新请回到王宫，结果年轻的叛逆姑娘却把这名使臣阉割后轰了回去。普拉斯妲的这种做法激怒了国王，但却吸引了周围地区许多年轻姑娘前来投奔。

一批批年轻的女子不堪忍受男人的欺压，陆续投奔了普拉斯妲。没过多久，普拉斯妲手下就有了一支真正的部队，这就是后来威震朝野的红色处女军，普拉斯妲本人也开始了她传奇般的生涯。

红色处女军奇怪的规定

普拉斯妲的红色处女军规模越来越大，最多时达到上千人。为了保证部队的给养，她率领军队离开了贫瘠的维多夫莱山，在迪尔文城堡建立起了自己的武装大本营。随后，红色处女军四处打家劫舍，征收捐税，推行自己的法律，这些法律大部分是针对男人的。据说，为了蔑视男人，她有时会带着几名女兵，手持利剑和盾牌，赤身裸体地去市镇游逛，如果哪个

宝藏名片

名称：红色处女军藏宝
数量：不详
地点：捷克北部维多夫莱山
时间：9世纪
事件：红色处女军抢劫贵族城
　　　堡得来

男人胆敢朝她们看一眼，她们就会毫不迟疑地把那个男人处死。

　　普拉斯姐在自己的地盘上行使着至高无上的绝对权力。她规定：男人不准佩带武器，不准习武，否则处以死刑；男人必须种地、做买卖经商、做饭、缝补衣服，干所有女人不愿干的家务活；女人的职责则是打仗。而且还规定，男人骑马，双腿必须悬垂在坐骑左侧，违者处以死刑；女人有

权选择丈夫，任何拒绝女人选择的男人都将处以死刑。

讨伐红色处女军

这些古怪的法律十分苛刻，普拉斯姐这一极端的做法不仅激起了当地男人的强烈反抗，也终于让国王普热美斯觉得忍无可忍。于是，普热美斯派遣大军围剿普拉斯姐。在维多夫莱山区，普热美斯大军依靠人数上的优势，采取突然袭击的战术，把处女军层层包围，缩小包围圈后杀死了100多名顽强抵抗的处女军战士。

在迪尔文城堡的普拉斯姐闻讯后，亲手扼死10多名俘虏，并率领自己

浸透血和泪
水的红色处
女军财宝

的战友对普热美斯大军进行了殊死抵抗。一时间，山冈上杀声震天，几千米外都能听到她们和男人拼命时的喊叫声。

最后，城堡中所有的处女军战士全部壮烈牺牲，没有一个逃命投降的。而普拉斯妲本人最后扔下了手中的盾牌，脱光了身上的衣服，仅仅拿着一把利剑，赤身裸体地同皇家军队进行了最后的拼杀，直至流尽了最后一滴血。

普拉斯妲的宝藏

普拉斯妲跟随女王多年，见多识广，对王室的金银财宝了如指掌，加之她本人喜欢雍容华贵的奢华生活，抢劫了不少的贵族城堡，聚敛了大量的金银财宝。在普热美斯军队未到之前，她早已预见到自己凶多吉少，于是她在迪尔文城堡把大量的宝藏埋藏起来。

这笔财宝主要有金币、银币以及处女军战士不愿佩戴的大批珍贵的金银首饰，数量极为可观。普拉斯妲到底把这些金银财宝埋藏到哪儿了呢？

处女军被全部杀死之后，就开始有人在红色处女军活动过的地区挖掘，试图找到她们的珍宝，但始终没有找到。

随后，普热美斯家族以布拉格为中心建立的王朝依附神圣罗马帝国几百年，在普热美斯王朝统治波西米亚的几百年间，这几代王朝都没有忘记普拉斯姐和她埋藏的财宝。他们曾多次派人去维多夫莱山区搜寻这批宝藏，但每次都空手而归。进入21世纪以来，这笔宝藏又引起了一些现代寻宝者的注意，但始终没人找到具体位置。

Da Sui Dao
Zhong De
Feng Fu Cai Bao
大隧道中的
丰富财宝

夜探神秘大隧道

多年来，位于厄瓜多尔共和国摩洛拿圣地亚哥省内厄拉吉尔、圣安东尼、尤贝三个城市交界处的大隧道内的丰富财宝吸引着无数专家和学者。1972年3月4日，由厄瓜多尔考古学家法兰士和马狄维组成的科学调查小组，在莫里斯的带领下，再次对大隧道展开调查。

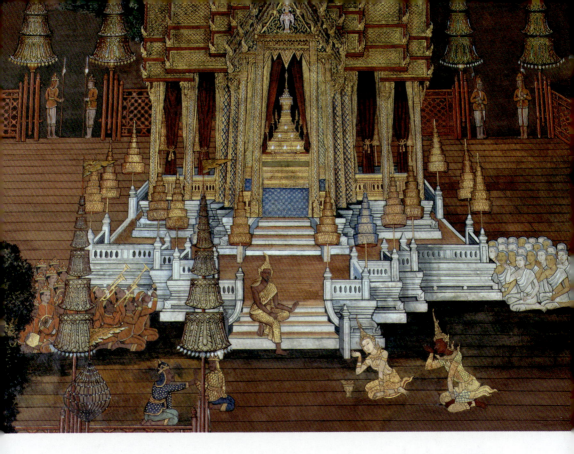

　　傍晚，调查队员钻进了神秘莫测的地下世界。进洞后是一段狭长的通道，伸手不见五指，他们开亮电筒和头盔上的射灯。接着隧道便垂直往下，他们把一条绳子垂到下面75米的第一平台上，然后沿绳而下。

　　接着，他们又沿绳垂直下到第二平台和第三平台，每个平台的高度都是75米。下到洞底，莫里斯领头摸索前进，法兰士注意到，隧道的转角处都是呈直角的严谨设计，所有洞壁都很光滑，洞底非常平坦，很多地方像涂了一种发光涂料。

　　很显然，这隧道并非天然形成的。法兰士试图用罗盘测量这些通道的方向，但罗盘却莫名其妙地失灵了。莫里斯解释道："这里有辐射，所以罗盘失灵。"

　　在其中一条通道的入口处，有一副骸骨精心摆放在地上，上面洒满金粉，在调查队员的灯光照射下闪闪发光。

隧道里发现的宝藏

　　莫里斯和法兰士以及马狄维发现了很多意外的东西。洞里出奇的静，只有脚步声、呼吸声以及雀鸟飞过的声音，他们目瞪口呆地发现，他们正

站在一个巨大厅堂的中央。

　　这个大厅的面积约为140米×150米，大厅中央有一张桌子，桌子的右边放有7把椅子。这些椅子既不像用石头、木材做的，也不像用金属做的，它摸上去好像是一种塑胶，但却坚硬、沉重得像钢。

　　在7把椅子后面，毫无规律地摆放着许多动物模型，有蜥蜴、象、狮子、鳄鱼、豹、猴子、野牛、狼、蜗牛和螃蟹。最令人惊异的是这些动物都是用纯金做成的。在桌子的左边则摆放着莫里斯的地契所提及的金属牌匾及金属箔，金属箔仅几毫米厚、0.65米高、0.18米宽。

　　法兰士经过仔细检查，仍无法知道这些牌匾在制造时使用过什么原料，因为那些金属箔看起来很薄并且脆弱，但竖起来却不弯曲。它们像一本对开本的书籍那样摆放着，一页连着一页，每块金属箔上都井井有条地排满像用机械压上去的文字。

　　法兰士估计金属箔至少有两三千块，在这些金属牌匾上的字体无人知晓。他认为，这间金属图书馆的创立者肯定想把一些重要的资料留传给遥远的未来，使其永垂不朽。

令人不得其解的石刻

　　莫里斯在大厅找到一个0.114米高、0.064米宽的石刻，正面刻着一个六角形身躯、圆形头的人，他右手握着一个半月，左手则拿着太阳。令人称奇不已的是，这个石人的双脚竟站在一个地球仪上。这石刻约在公元前9000~前4000年做成，这说明那时的先民便知地球是圆形的。

法兰士认为这个隧道系统在旧石器时代已经存在。他拿起一块刻着一头动物的石刻，它有0.29米高、0.5米宽，画面上所表现的动物有着庞大的身躯，正用它粗大的后腿在地上爬行。

法兰士认为石刻画的是一条恐龙，难道有人曾经见过恐龙？还有一块神秘石刻，刻画的是一具男人骨骼。

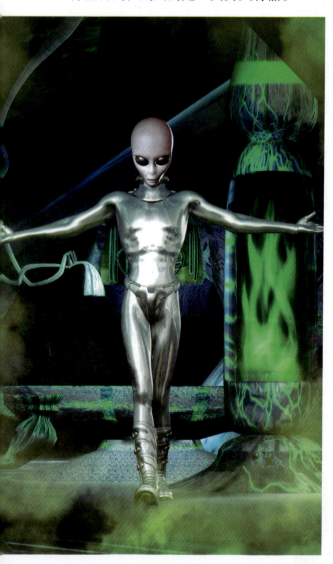

法兰士仔细数了一下，感到很吃惊，这石刻人的肋骨数竟为12对，是如此的准确。莫里斯又让法兰士看了一个庙宇的模型，上面绘有几个黑脸孔的人像，头戴帽子，手持一种枪形的东西。

石刻上的外星人形象

在庙宇的圆顶上，还绘有一些人像在空中翱翔或飘浮着，令法兰士惊异的是这个庙宇的模型，可能是圆顶建筑最古老的样本。此外，一些穿太空服的人像，更是让法兰士不可思议。

一个有着球状鼻子的石刻人跪在一根石柱下，他头戴一顶遮耳头盔，极像现在我们用的听筒，一对直径0.05米的耳环则贴在头盔前面，耳环上钻有15个小洞。一条链子围住他的脖子，链子上有个圆形牌子，上面也有许多小孔，很像现在的电话键盘。

这个隧道和它里面收藏着的稀世奇珍，可以说是见所未见。那些1.8米高的石像有的有3个脑袋，有的却是7个头颅；三角形的牌匾上刻着不为人知的文字；一些骰子的6个面上刻着一些几何图形。没有人知道这个隧道系统是谁建造的，也没人知道这些稀世奇珍是谁遗留下来的。

隧道里的居民来自外星吗

带着巨大的疑问，调查队沿原路退出洞穴，又赶往位于厄瓜多尔古安加的玛利亚教堂，因为基利斯贝神父收藏着许多来自隧道的珍宝。

法兰士注意到一块金板，0.52米高、0.13米宽、0.013米厚，上面有56个方格，每一格都刻有一个不同的人像。法兰士在隧道的金属图书馆里的那块金箔上，曾见过一模一样的人像。看来，制造者似乎要用这56个符号或字母组成一篇文章。

最令人吃惊的是一个纯金制成的女人像。头像两个三角形，背后焊接着一对细小的翅膀，一条螺旋形金线从她耳朵里伸出来。她有着健康、发育完美的胸部，两脚跨立，但无手臂，穿着一条长裤，一个球形物浮立在她的头顶上面。

接着，马狄维又看到一只直径0.21米的铜饼，上面图案清晰，刻着两条栩栩如生的精虫、两个笑着的太阳、一个愁眉苦脸的半月、一颗巨大的星星和两张男性三角形脸孔。铜饼中央有许多细

小而突出的圆状物，其含义没人能理解。

　　基利斯贝神父收藏的大量金属箔上面均刻有星星、月亮、太阳和蛇。其中一块金箔的中央刻有一个金字塔，两边各刻有一条蛇，上面有两个太阳，下面是两个航天员似的人物及两只像羊的动物，金字塔里面是许多带点圆圈。

　　在另一块刻有金字塔的金属箔上，两只美洲豹分别趴在金字塔两边，金字塔底刻着文字，两边可以见到两头大象。据说，大象在12000年前即在南美出现，那时地球上还没有产生文明。

史前黄金飞机模型

　　最让法兰士震惊的是，他在基利斯贝神父这里见到了第三架史前黄金

飞机模型。他看到的第一架是在哥伦比亚的保华达博物馆见到的,第二架则仍放在大隧道里。多年来,一些考古学家把飞机模型看成是宗教上的装饰品。

纽约航空机械学院的阿瑟·普斯里博士经检试认为,把这架飞机模型看成代表一条鱼或一只鸟显然站不住脚。从模型几何形的翅膀、流线型的机头及有防风玻璃的驾驶舱看,很像美国的B-52轰炸机,它确是架飞机的模型。

难道史前便有人能够构想出一架飞机的模型?一切都无定论,一切都是谜团。迄今为止,人们仍无法确定或找出这隧道究竟是谁建造的。而在隧道里面,又存放着那么多无从稽考的珍品,这一切意味着什么呢?

亚伯拉罕岩石 下的财宝

亚伯拉罕岩石的传说

亚伯拉罕岩石是一块长80米、宽12米、厚2米的花岗岩石，被安放在信奉基督教的犹太人和信奉伊斯兰教的阿拉伯人奉为圣地的寺院内。传说很久以前，有个被犹太教徒和基督教徒尊为"信仰之父"的人，他的名字叫亚伯拉罕，他遵照神的旨意，在这块岩石上用火灼烤自己的独生儿子依撒。神对亚伯拉罕的坚定信仰极为赞赏，便把他的儿子依撒从火中救了出来，并传下旨意："今后，亚伯拉罕的子孙将在这块土地上世代繁衍。"于是，那块岩石遂被称为亚伯拉罕岩石。

所罗门宝藏

此后，亚伯拉罕子孙中产生了著名的犹太国王达庇代·所罗门，国家空前强盛。3000多年前，所罗门以神圣的亚伯拉罕岩石为中心建造了宏伟

的神殿，对犹太人来说至关重要的"契约箱"就安放在神殿内。距今2400年前，巴比罗尼亚耐希卡耐扎尔的军队推翻犹太统治时，所罗门的神殿被毁，混乱之中，契约箱和无数所罗门的财宝下落不明。此后，耶路撒冷几度沦为战场，遭到战火的侵袭。最后，占领城市的伊斯兰教徒也以亚伯拉罕岩石为中心建造了伊斯兰教的寺院，所罗门的宝藏几乎被人忘却。

寻找所罗门宝藏

到了20世纪，有几位学者指出，在亚伯拉罕岩石下面有个洞穴，下落不明的契约箱和无数的所罗门财宝可能就藏在那里。有个名叫哈里巴顿的美国人听到消息后，和另一个伙伴一起寻找所罗门的宝藏。两人经过调查，发现有一条从旧耶路撒冷城内通过的地下隧道可以到达山谷。他们瞒过众人耳目，渡过位于凯德隆山谷底部的山泉，到达前方的洞穴。两人打着手电，在通向深处的坑道里向前摸索，但在进入坑道150米的地方，道路阻塞了，哈里巴顿只得从原路返回。当他们打算第二次探险时，由于乘坐的帆船沉没，不幸身亡，这次计划终于未能如愿以偿。他们第一次探险的路径，人们至今不得而知。契约箱和所罗门的无数财宝自此也失去线索。

> ### 宝藏名片
>
> 名称：亚伯拉罕石下财宝
> 数量：不详
> 地点：耶路撒冷
> 时间：3000年前
> 事件：所罗门建国积蓄的财富，后因战争遗失

Chang Mao Guo
Wang Ling
Qin Bao Zang

常冒国王陵寝宝藏

迷宫似的地下王陵

在16世纪下半叶，一位名叫古特尼茨的西班牙商人探险来到此地，他由一位印第安部落头人引路，穿过错综复杂、九曲十折的地下迷宫来到这座地下国王陵寝。

瞬间，这位青年商人被金光灿烂的黄金珠宝照耀得不知所措，这座陵寝内摆满珍奇珠宝，其中包括一些镶有翡翠眼睛并用黄金铸造

宝藏名片

名称：常冒国王陵寝宝藏

数量：5000辆马车黄金

地点：秘鲁古印加帝国印第安部落

时间：16世纪

事件：美洲古印加帝国积聚的黄金

的鱼。印第安头人平静地告诉面前这位惊叹万分的西班牙人，只要他协助建设当地的公共工程，这些黄金便全归他了。无须犹豫，这无疑是一个千载难逢的良机，古特尼茨拼命点头，在帮助印第安人建设当地的公共设施后，他如愿以偿地以一个巨富的姿态返回了西班牙。

废墟下有更多宝藏吗

据传闻，古印加帝国的人民崇拜黄金，不论是建造神庙和宫殿还是平常随身佩带的物品，都大量使用黄金。数千年来，他们聚敛了数额惊人的

黄金，而国王的陵墓中，陪葬的宝藏可想而知。

至于古特尼茨捞得多少黄金，根据1576年的西班牙税收记录记载，古特尼茨不仅向西班牙国王密报了这处"小鱼"宝藏，而且慷慨地奉献了900磅黄金为税金，可见他得到了多少财富。然而，在他之后的无数探宝者却没有这种运气，但总有人提供激动人心的线索说在当地废墟下面隐藏有一处"大鱼"宝藏，里面摆满更多陪葬的黄金物品。

秘鲁政府能否发现大鱼

秘鲁政府近年宣布：对古印加王国首都废墟的地下国王陵墓加以严格保护，不允许人们接近。在秘鲁政府的严密防卫下，这座地下王陵由两位经验丰富的秘鲁考古学家花费几年时间在此地挖掘。小鱼宝藏下面真的有大鱼宝藏吗？这处大鱼宝藏又有何用处呢？难道常冒国王陵墓下还有一座古印加帝国国王的陵墓？

藏宝密钥寻有处 ▮

耶稣的圣杯
在哪里

圣杯的由来

　　耶稣在与12位门徒举行最后的晚宴时，劈开逾越节的饼分给门徒吃，并对他们说："这是我的身体，为你们舍的。你们也应当如此行，为的是纪念我。"

　　晚餐后，门徒传着喝了一杯酒，耶稣又说："这杯是用我血所立的新约，是为你们流出来的。"

　　基督教的圣餐仪式由此奠定：饼代表耶稣的身体，酒代表他的血。但

宝藏名片

名称：耶稣的圣杯

数量：1个（价值连城）

地点：西班牙西北部维哥湾

时间：2000年前

事件：耶稣在最后的晚餐中所用
　　　的酒杯，后成圣物

是耶稣和门徒共享的酒杯去哪了？2000年多年来一直是个谜。

《四福音》书中没有提及最后的晚餐所用酒杯的下落，基督教其他早期文献则记载，此杯落入亚利马太的约瑟手中。

这位富裕的犹太人可能是耶稣的叔父，曾埋葬耶稣。也许是在约瑟准备将耶稣的尸体放入坟墓时，也许是在耶稣仍钉在十字架上时，耶稣的鲜血滴进了那个酒杯中，酒杯因而成了圣物，后来称为"圣杯"。

圣杯是什么样子

随后，耶稣的尸体从坟墓中消失了，愤怒的犹太长老一口咬定是约瑟偷走了圣杯，把他关进监狱，让他饿死。耶稣向约瑟显现，正式命他保管圣杯。此后约瑟在狱中期间，每天都有鸽子衔一块圣饼飞到牢房，投进杯子内，结果他竟奇迹般地活了下来。

公元70年，约瑟获释，但被放逐国外，最后抵达英格兰，据说耶稣孩提时曾随他到过英格兰。

他在萨默塞特郡葛莱斯顿堡建立了第一座基督教教堂，很多人相信圣杯至今仍藏在当地。有关圣杯的传说还有很多，大多非常复杂。有的说，圣杯不一定是杯子，可能是块石头、一些异象、一个碟子、一个子宫，甚至是炼金术的一个符号。这些有关圣杯的传说都有一个共同点，就是圣杯是隐藏起来的，只有最纯洁的人才能找到它、保管它。

圣杯遗失在哪里了

据说，亚瑟王属下圆桌武士里有三位武士在神秘的"渔夫国王城堡"找到了圣杯，这三位武士就是珀西瓦尔爵士、加拉哈德爵士和波尔斯爵士。据波尔斯爵士讲，珀西瓦尔爵士和加拉哈德爵士为人纯洁，加上圣杯极具吸引力，以致他们再找到圣杯后不能重返现实生活中。加拉哈德爵士找到圣杯后，因为太过兴奋而猝死了，珀西瓦尔爵士则成了圣杯的新守护人。

这个传说的起源，部分出自亚利马太的约瑟的另一个故事：约瑟和妻舅布朗同遭放逐，布朗曾用一尾鱼神奇地喂饱一大群人，人称"富足渔夫"，他的后裔被称为"渔夫国王"，都是圣杯的守护人。传说中还提到珀西瓦尔爵士是约瑟的后裔，所以他留在城堡守护圣杯。

还有一个有关圣杯的传说，描述抹大拉的玛利亚遇见复活后的耶稣在园中徘徊，后来把圣杯带到法国马赛。后来有一种说法，竟然提出抹大拉的玛利亚得到的圣杯并不是一件东西，而是耶稣的后裔。照此说法推测，耶稣大概曾和玛利亚结了婚，其子孙后来建立了欧洲的梅罗文加王朝。

人们相信，圣杯曾在意大利停留了300年，先由罗马教廷的执事——圣劳伦斯僧侣保管。据说临近3世纪末，他派了两名西班牙军团士兵将它送回了他在比利牛斯山的家乡乌埃斯卡城。他的结局凄惨不堪，他的好友——教皇西克斯图斯二世、罗马基督教会早期殉教圣徒之一，被罗马皇帝瓦雷利尤斯杀害。圣杯在旧圣彼得罗教堂保存到711年。教堂的罗马式走廊上有一些可暗示圣杯存在的图案，其中有一位天使向耶稣交递酒杯。

据说，圣杯的最终栖身之地，是西班牙瓦兰西亚大教堂的一所附设礼拜堂。虽然罗马天主教廷从未把它崇为圣物，但他们承认它是最后晚餐中获基督赐福的酒杯，在圣劳伦斯把它送到西班牙之前曾为教皇们使用。

但是，又有人说，圣杯可能藏在英格兰西部。圣杯到底在哪儿？还没有确凿的证据证实。

Yi Kuai Zuan
Shi Wei He
Mo Li Wu Bian

一块钻石为何
魔力无边

希望蓝钻石的来历

钻石被现代人视为尊贵、富有的象征，质量与体积均为上乘的钻石自然也就愈发珍贵。希望蓝钻石问世于1442年，在印度基伯那河畔的一口废弃的矿井里，一个老人偶尔瞥见一块熠熠闪光的石头。

后来经珠宝商辨别，竟是一块硕大的蓝钻石。老

宝藏名片

名称：希望钻石

数量：1枚（112.5克拉）

地点：印度基伯那河畔一口废弃的矿井里

时间：1442年

事件：经加工后成为珍宝

人请工匠将钻石进行粗加工，加工后的蓝钻石还有112.5克拉。老人去世后，他的3个儿子为这枚钻石大打出手，结果钻石被族长充公，下令镶嵌在神像的前额上。

希望蓝钻石带来的厄运

一天深夜，一个抵不住钻石蓝光诱惑的年轻人偷走了钻石。

但仅仅几个小时，他就被守护神像的婆罗门捕获，活活被打死，成为蓝钻石的第一个牺牲者。蓝钻石被重新镶嵌在神像的前额上。

17世纪初，一个法国传教士用斧头劈死两个婆罗门，用沾满鲜血的双手将蓝钻石占为己有。传教士将蓝钻石带回了自己的故乡，可是在一个雷雨交加的晚上，他被割断了喉管，蓝钻石也不知去向。

后来，蓝钻石落入巴黎珠宝商琼·泰弗尼尔手中，他随即脱手，将钻石卖给了法国国王路易十四。路易十四对这枚蓝钻石爱不释手，经过工匠的琢磨，蓝钻石被镶嵌在象征着王权的王杖上，取名为"法国蓝宝"。可是不久后的一天，路易十四最宠爱的一个孙子不明不白地死去了，他受此打击后，不久也撒手归西。路易十四死后，法国蓝宝落入蓓丽公主之手，她将钻石从王杖上取下，作为装饰挂在她的项链上。

1792年9月3日，在一次偶发的事件中，蓓丽公主被一群平民百姓殴打致死。自此，法国蓝宝由蓓丽公主的宠物变成了法国国王路易十六的珍玩，可是一场法国大革命的风暴把路易十六和王后玛丽·安特瓦内特送上了断头台。法国蓝宝在这场大革命中被皇家侍卫雅各布斯·凯洛蒂趁乱窃取。

法国蓝宝40年后为俄国太子伊凡觅得，伊凡在寻花问柳时，为了讨得一个妓女的欢心，竟将法国蓝宝拱手相赠。一年后，伊凡另结新欢，对赠宝之事后悔不已，决定追索回来。

可是，那个妓女死活不依，伊凡一剑刺死妓女，夺宝而归。然而没过

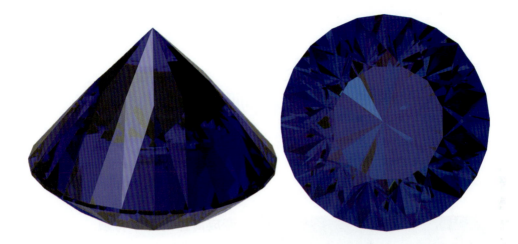

多久，伊凡皇太子就在宫中死于非命。神秘的法国蓝宝给占有它的主人带来的厄运比巫师的诅咒还要灵验，人们视之为不祥之物。

尽管如此，世界上还是有许多贪婪的目光盯着它，希望有朝一日成为拥有它的主人。

希望钻石为何不能带来希望

法国蓝宝从伊凡皇太子手里转移到女皇加德琳一世手里。女皇意欲将钻石镶在皇冠上，于是命人将法国蓝宝送至荷兰，交由堪称世界上一流手艺的威尔赫姆·佛尔斯进行精心加工。经过威尔赫姆·佛尔斯的精心雕琢，法国蓝宝被切割，它的每个面都闪着诱人的蓝光。加工后的钻石重44.4克拉。钻石加工好以后，钻石匠的儿子不辞而别，将钻石带到英国伦敦去了，无法交差的钻石匠服毒自杀，以谢女皇。而他的儿子后来在英国也自杀身亡，死因不明。

英国珠宝收藏家亨利·菲利浦在一个不愿透露姓名的人手里以9万美元购得了这颗钻石，并命名为"希望"。1839年，亨利·菲利浦暴死，他的侄子成为希望蓝钻石的主人。

这位钻石的主人将钻石置于展厅公展，后来据说他寿终正寝。1947年，海里·温斯顿以1500万美元购进希望蓝钻石，成为钻石的最后一个主人。希望蓝钻石自问世以来，历经沧桑，周游列国，除少数几个人外，其余的主人屡遭厄运，甚至命丧黄泉。

这是为什么呢？是巧合，还是冥冥之中存在着一种人们尚未所知的神奇力量呢？也许有一天，蓝钻石能满足人们探究这个秘密的好奇心。

海盗盖特
藏宝在哪里

变成海盗的海军将领

　　17世纪末，大西洋上海盗肆虐，许多商船在海上被抢。英国女王为了使英国的商船队免遭海盗袭击，命令海军将领盖特率领舰队前往大西洋护航。这位身经百战的盖特根本没有把海盗放在眼里，他只带了两艘快艇在海上游弋，想以此威慑海盗。

　　不料没过多久，盖特便突然受到海盗船的猛烈攻击，在全军覆没的情况下，盖特怕回去后被女王杀掉，便独自一人跳海逃生

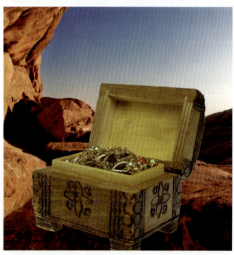

宝藏名片

名称：盖特财宝

数量：不详

地点：太平洋岛屿

时间：17世纪末

去了。

　　不到两年，盖特凭借自己的胆略和经验，很快也成为一个杀人放火抢劫货物的大海盗。5年之后，他聚敛了无数金银财宝，并把它们藏在太平洋上一个无人注意的小岛上的山洞之中。

大海盗盖特之死

　　盖特已经55岁了，他决心与海盗生涯告别，他来到美国与一个波士顿的孀妇结了婚，并在纽约定居，成为该市唯一可在银行无限取钱的储户。

　　他出资修建的舞厅是纽约城最典雅华丽的交际场所，当时，谁能收到他和他夫人的一张舞会请柬，就标志着这个人在社交界的极大成功。谁知好景不长，不到两年，他的海盗行径被发现了，驻纽约的英国总督逮捕了他，并将其送交伦敦法庭审判。

　　1701年5月23日，一辆黑色囚车驶到伦敦中心广场的刑台前，里面走出伯爵和两名刽子手。盖特的胸前挂着一块牌子，上面写着"海盗盖特"，执行官向他宣读了死刑判决书。然后，执行官又给他一个最后的机会，只要盖特供出藏宝之地，便可免他一死。盖特摇摇头没有答应，执行官一挥手，刽子手将绞索套进了他的脖子。

探寻盖特宝藏

盖特死了，但是探索他所藏珍宝的尝试，几百年来一直没有中断过。1867年，加拿大工程师马凯尔的探险队在盖特曾活动过的地方，借助火炬的亮光，发现了一些手提箱，可能是盖特遗物。

1930年，伦敦的古董商人金尔特在一个古旧的海员皮箱中找到一张藏在双层底中的海图，海图上有盖特的姓名缩写。但是，无论是岛的名称，还是它的坐标都没有在图上标出。

1971年8月，人们在某海沿岸水下摄影时曾发现类似山洞的地方，在

里面发现了一些箱子之类的东西，但在爆破山洞时，由于爆破力太大而毁坏了修建的排水系统，以致海水倒灌而淹没了山洞。直至20世纪80年代，拥有声呐、红外线电视、金属探索仪以及其他各种最现代化仪器的美国特立通股份公司，声称发现了大西洋中一个名叫奥伊克·阿连德的小岛，并称这里就是海盗盖特藏匿珍宝的宝岛。

特立通公司计划花费200万美元，在岛上进行探宝工程。特立通公司董事戴维德充满信心地说："我们一定能揭开这个近300年来最激动人心的秘密，估计利润将达5000万美元。"但特立通股份公司的探宝一直没有结果。一旦发现盖特的珍宝，相信一定会轰动全世界，因为盖特所掠夺的珍宝中有一些是历史上著名的文物，是真正的无价之宝。

Lu Bin Sun Dao
Shang Shi Fou
You Huang Jin

鲁滨孙岛上
是否有黄金

海盗安逊的大本营

从1940年开始，鲁滨孙·克鲁索岛突然变得热闹起来，一批又一批寻宝者带着大量的古代文献资料和现代化的开采工具来到这个小岛，开始在岛上各处日夜不停地挖掘。原来，有人根据古代史料发现，在200多年前，英国海盗安逊曾在这个小岛上埋藏了800多箱黄金和大量的宝藏。

宝藏名片

名称：鲁滨孙岛上黄金
数量：800多箱
地点：太平洋热带岛屿
时间：1744年
事件：英国海盗抢掠西班牙商船
　　　后，把财宝埋在鲁滨孙岛

　　乔治·安逊是一位被英国女王加封的勋爵，但他同时又是一个声名显赫的海盗。1774年，英国海军部委托这名海盗去掠夺非洲南部西班牙帆船和殖民地上的财物。他所率领的中型舰队由8艘作战能力很强的舰船组成，这支海盗队伍曾令所有过往的西班牙商船闻风丧胆。

　　当年，安逊把鲁滨孙·克鲁索岛作为他的大本营和避难所，他们每次对西班牙船只实施抢掠，都是从鲁滨孙·克鲁索岛出发。

躲避西班牙政府追击

　　英国海盗安逊船长最为成功的一次胜仗，是对西班牙运宝商船的一次抢掠。据说，他那次共抢得800多箱黄金和宝石，每箱重1.3吨，总价值高达100亿美元，属于历代以来最为巨大的一笔海盗财宝。

　　西班牙当局决心追回这一大批黄金，于是他们当即派出一艘军舰，在太平洋洋面上对安逊船长驾驶的"乌尼科尼奥"号帆船穷追不舍。但安逊绝不是等闲之辈，作为当时世界上著名的航海家之一，此人有着丰富的航海和战斗经验。西班牙当局对其战舰的命令是："不把抢走的黄金追回来，不惩罚安逊，决不罢休。"

于是，双方在海上开始了一次又一次的较量。有两次，西班牙军舰就像猎狗一样眼看就要咬住安逊的帆船，但都被他奇迹般地甩掉了。当然，安逊的帆船毕竟不是西班牙战舰的对手，加之他的船上装载着1100吨的黄金，负载太重，航行起来就不够灵活。他自己十分清楚这样和西班牙军舰追逐，早晚要被吃掉。于是，便命令部下神不知鬼不觉地撤回到鲁滨孙·克鲁索岛，在一个平时熟悉的海湾里悄悄隐藏起来。

埋藏在热带雨林的大量财宝

根据西班牙档案史料记载，安逊的帆船只在这个小海湾度过了一个平静的夜晚，第二天清晨，船员们就发现了跟踪追来的西班牙军舰。

安逊随着船员的惊叫声来到甲板上，从望远镜里他清楚地看到前方出现

了一艘很大的舰船，船的桅杆很高，船舷上装有一排威力强大的大炮。毫无疑问，西班牙军舰已追随他们来到鲁滨孙·克鲁索岛海湾。

此时，安逊的帆船由于满载着1100吨黄金而根本无法远行，一旦被发现，他们就不可能从西班牙战舰的大炮下逃脱。最终，他打定主意，把这批黄金转移到鲁滨孙·克鲁索岛上。

于是，他们放下小船，海盗们把装满首饰和金银珠宝的箱子和木桶从大船的舱室里运出，借助从舷墙上放下的踏板绳梯，把箱子和木桶卸载到小船上。渐渐地，满载着黄金和宝石的小船驶离了大船的背风处，奋力向小岛划去。

登岸后，海盗们抬着全部用铁圈箍住的沉重的大箱子和木桶，进入了热带灌木丛中。有人在前面用大刀开路，一连几个小时，他们在热带原始丛林中艰难地行进，这支队伍在岛上前进唯一依赖的指南是安逊在岛上逗留时绘制出的一张地图。

夜幕降临后，他们燃起火把继续在密林中艰难地前进着。终于，他们爬上了岛上一座170多米高的山。安逊在山顶找到了一个自以为十分可靠的地方，他谨慎地巡视了周围的环境后，发现了一个适合藏宝的地点，并下令把宝藏埋藏在那里。随后，海盗们便开始拼命地挖掘，他们用了整整一夜的时间，终于挖出了一个上下垂直达7米深的洞穴。安逊再次仔细观察了一下洞穴周围的环境，详细记下了途中仔细观察过的各种地形地貌特征，把它们一一记录在羊皮纸上。

在确定以后来到这个小岛上能借助他现在所画的藏宝图找到这个秘密地点之后，安逊命令海盗们把那些沉重的箱子和桶挪到洞穴边，然后借助干厚木板和绳索将它们放入了洞穴。随后又在上面覆盖上石头和一层厚厚的泥土，最后在上面用杂草把他们藏宝的痕迹彻底消除干净。当这一切都做好时，天刚蒙蒙亮，看着阴暗的天空，安逊知道上午肯定会下一场大雨，到那时雨水会冲刷一切痕迹。假如不带着安逊的这张藏宝图，任何人都无法找到这个藏宝的地点。

鲁滨孙小岛上的寻宝风潮

时来运转，由于安逊的战绩显赫，这位大名鼎鼎的海盗后来被英国女王授封为勋爵，从此飞黄腾达。可是以这么冠冕堂皇的身份，安逊却再没有机会到鲁滨孙·克鲁索岛来寻找那批黄金了。而除了他之外，别的任何人又找不到那批黄金和宝石。在他将那批黄金和宝石埋藏在鲁滨孙·克鲁索岛上200年之后的1940年，这个小岛开始变得热闹起来，一批又一批各种身份的寻宝者带着不知从哪得来的大量的文献和史料来到鲁滨孙·克鲁索岛，开始搜寻那里的每一寸土地，日夜不停地挖掘。然而，经过几年折腾之后，这些人全都两手空空地离开。

　　至20世纪80年代，鲁滨孙·克鲁索岛上的一场瓢泼大雨再次燃起寻宝者热情的火焰。原来，这场大雨造成了岛上的泥石流，雨过天晴之后，有人在山谷中意外发现了裸露在外的好多银条和几粒红宝石。于是，人们立刻联想到，肯定是大雨把安逊当年埋藏的宝藏从高处冲刷出来，又散落在山谷里。这个消息没几天就像长了翅膀，随即，大批的寻宝者再次来到这个小岛，但是他们又一次失望而归。

未被寻获的宝藏

　　20世纪90年代，一位荷兰裔的美国人贝尔纳得·凯泽对安逊当年埋藏的黄金产生了强烈的兴趣。他从岛上一家名叫阿尔达·丹尼尔·笛福的旅店老板娘那里获得了有关"安逊黄金"的信息，便立即开始了搜寻。智利政府有关部门得到了这个消息后立即声明，这个小岛属于智利领土，没有智利政府的批准，任何人不得私自挖掘宝藏。

　　最后双方达成协议：假如他找到那800多箱黄金，必须把所得宝藏的75％归智利政府及鲁滨孙·克鲁索岛上的居民，剩余的25％归他自己所有。贝尔纳得·凯泽的挖掘小组开始寻宝，他们用小型推土机等现代化挖掘工具在山顶上昼夜不停地开始挖掘，但地下除了石头还是石头，根本没有发现任何宝藏，最后只好宣布放弃。当然，这个美国人走了，并不等于别的寻宝者不来。可以确信，只要传说中安逊的那800多箱黄金不见天日，鲁滨孙·克鲁索岛就永远无法安静。

La Bi Si Ba Zhen
Bao Cang
Zai He Chu

拉比斯把珍宝藏在何处

死刑犯留下的羊皮卷

　　1731年7月17日下午，法国海盗拉比斯拖着沉重的锁链被带到断头台下，在刽子手们往他脖子上套上绞索的最后时刻，拉比斯突然向围观的人群中扔出一卷羊皮纸，并大声喊道："有谁能弄懂我的羊皮纸，谁就去寻找我的财宝吧！"那么，拉比斯究竟是何等人物？他的宝藏又埋藏在哪里呢？

　　拉比斯真名叫奥利弗·勒瓦瑟尔，拉比斯是绰号，意为"隼鹰"。1690年，拉比斯出生于法国

宝藏名片

名称：拉比斯珍宝
数量：5吨黄金、600吨白银等
地点：印度洋
时间：18世纪
事件：海盗拉比斯劫掠的珍宝

加来海峡的一个海盗家族，可谓天生的海盗。他的父亲年轻时曾被法国官方正式批准从事海盗活动，在加来海峡一带很有名气。26岁那年，拉比斯也得到法国官方批准的委任状，其活动范围是印度洋。然而，拉比斯夺得财宝之后，不但没有履行与法国政府达成的协议，拒绝将战利品交给法国政府，而且很快和两个英国海盗勾结在一起，袭击和抢夺来往的法国船只。这样一来，拉比斯便被法国政府宣布为国家的头号敌人。14年间，他们共劫夺了5吨黄金、600吨白银，再加上不计其数的钻石等各类宝藏。

羊皮卷上的藏宝图

有人推测，拉比斯抢劫的成吨的黄金和其他财宝，被他用各种方式匿藏于从塞舌尔群岛到马达加斯加海岛的印度洋海区。至于那些藏宝人，则被他以各种手段杀害灭口。拉比斯被绞死前留下的那卷羊皮纸，上面是一封密码信构成的藏宝图，画有17排古怪稀奇的图样，每个图样代表一个密码。

拉比斯自幼至青年时代都一直受到良好的教育，才华横溢，知识渊博。这使得他以后在绘制藏宝图时，采用了希腊文化中的隐喻作为标

记，这可不是一般盗匪想得出来的，这也使他的藏宝图看上去晦涩难解。

他的图表是以一种复杂难解的密码记录的，只有破译了源于希腊神话的那12种符号之后，才有可能找到打开这座金库的钥匙。人们的寻宝热情一直持续至19世纪，在一次次绝望之后，他的传说几乎已经被人们遗忘了。

意外发现藏宝图

1920年，夏尔·萨维女士在沙滩上散步时发现几块形状怪异的岩石，仿佛是被固定在沙堆里的桩子，潮落时便显露出来，涨潮时又被水淹没。萨维家族对此事极为敏感，并很快在此处发现勒瓦瑟尔密码藏宝图的副本。

1949年，萨维女士结识了来自非洲东部的英国人可鲁斯·维尔金斯，他是个冒险家和珠宝鉴定家。萨维女士向他介绍了石头标记，其中有两块

引起了他的兴趣。一个标记是带有开缝翼的苍蝇，因为在密码文中有一个拉丁语单词也是苍蝇的意思；另外一个标记是一个洞穴的图案，这在拉比斯的图表中也频频出现。

因此，可鲁斯·维尔金斯认为它是找到马埃西北部宝藏的极有价值的提示。可鲁斯·维尔金斯参阅了大量神话书籍、古老的星图以及17世纪的德语和法语辞书，经过半年的精心研究，他觉得自己终于掌握了这些神秘文字中所蕴含

的秘密。他相信，当所有的密码被揭开之后，他就可以找到打开勒瓦瑟尔宝藏的有力证据。

越来越近的宝藏线索

经过多年的理论准备之后，可鲁斯终于起程，向飘扬着绘有拉比斯头像旗帜的塞舌尔岛的马埃进发，开始了具体的寻宝工作。很快，他们在地下的岩石上找到了两个高0.025米的字母，这在拉比斯所遗留的文字中也出现过，因此，可鲁斯相信，他寻宝方式的思路是正确的。

在工人们日夜不停地挖掘下，找到了一个用来抵挡汹涌的海浪侵袭的水坝。在水坝这个至关重要地带地下一米多深处，他们找到了一个女人的石塑。石塑长2.4米，双臂俱无，仰卧在地上，可鲁斯断定，这就是维纳斯。因为在藏宝图上，他曾多次看到维纳斯的塑像与拉比斯所记载文字的前几行之间的联系。

不仅如此，他还首次认清了拉比斯的说明中各个地名之间的联系，这时所有参加挖掘的人都坚信，离宝藏已经很近了。然而，关键时刻，由于涨潮，挖掘地点的水位越来越高，从南非订购的水泵却又迟迟没有运来，他们不得不停止挖掘，转移到位于贝尔·翁布雷南部边界的一个小丘陵继续挖掘。很快，他们在那里的地下发现了大量散乱的骨骼，在骨骼的下面，挖掘小组又找到了一面光滑的石片，难道这就是通往那个藏宝洞穴的入口？可鲁斯想探个究竟，因此决定采用炸药，工人们费了很大的力气，但除了炸开一个洞穴之外一无所获。然而可鲁斯并不气馁，就这样日复一日地挖着。

难以破解的12项业绩

数年之后，可鲁斯终于将象征海格力斯英雄业绩的指示物统统挖掘出来：在距离维纳斯塑像12米的地方，他找到了一头公牛的两只牛角，也就是海格力斯与之博杀的克里特岛公牛。随后，他又在海滩上发现了3条地下河道，工人们急不可待地炸开了许多石头，依据一切可能的线索在地下洞穴里不停地探索。但由于几百年的风化侵蚀，石块上只有4个图形依稀可辨，在拉比斯的密码文中，却没有发现任何通往藏宝洞穴的入口。鲁斯带着他毕生积蓄已经在塞舌尔岛上待了整整28年，他对羊皮纸上的17排图样也终于破译了16排密码，只是对其中第十二排图样却无法找到答案。1977年，这位寻宝者因病去世。

谜一样的地下宝藏

可鲁斯死后，在一位美国富翁的资助下，他的儿子约翰来到马埃继续他父亲的事业，并打算不找到宝藏绝不罢休。几年之后，约翰从岩石里挖出了一个很深的迷宫，又发现了一条用古代的水泥填平的岩石缝隙，在这个迷宫似的岩洞里他又发现了许多标记，他认为这是拉比斯当年为避免迷路而刻在岩石上的标记。遗憾的是像他的父亲一样，他的寻宝也没有取得明显的进展。

后来，塞舌尔岛又陆续来了一些美国人和德国人，但他们同样空手而归。当然，这并不是说拉比斯珍宝只是海市蜃楼，法国"寻宝国际俱乐部"掌握着另一份与拉比斯宝藏有关的材料，包括一份遗嘱、三封信件及两份说明书，它属于掌握拉比斯藏宝秘密的另一个海盗贝·德莱斯坦。20世纪初，有人发现了一块署名卡·布拉吉尔带有明显指示标记的大理石，寻宝者依据指示，又发现了一块写有密码的铜板。但遗憾的是，铜板丢失了，羊皮纸上的宝藏再一次落入了谜尘。

Shi Shen Ren Mian Xiang Yu Bao Zang
狮身人面像 与宝藏

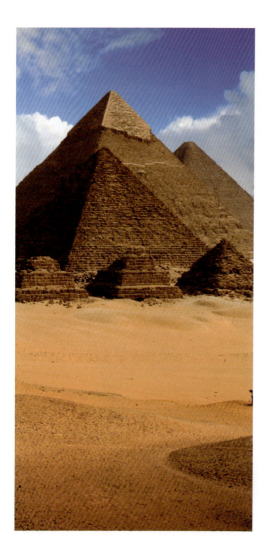

狮身人面像与天象

  埃及金字塔相传是古埃及法老的陵墓，但是考古学家从未在金字塔中找到过法老的木乃伊。金字塔主要流行于埃及古王国时期。陵墓基座为正方形，四面则是4个相等的三角形，侧影类似汉字的"金"字，故汉语称为金字塔。

  埃及金字塔是至今最大的建筑群之一，成为古埃及文明最有影响力和持久的象征之一，这些金字塔大部分建造于埃及古王国和中王国时期。

  在埃及大金字塔脚下，通往吉萨

宝藏名片

名称：狮身人面像下的宝藏
数量：不详
地点：埃及金字塔下
时间：1万年前
事件：金字塔的建造者埋在金字塔下的宝藏

高地的东方之路上，坐落着一座巨大的岩石雕像，这就是举世无双的狮身人面像。也许是它旁边的大金字塔太有名了，或是有关大金字塔的奇闻佚事太多了，以至于很长时间以来，无论是研究者还是旅游者，都把它当作大金字塔的附属品来看待。但这些年来通过一些科学家们的深入研究，认为真正的历史并不是这样的。近年来，比利时天文学家罗伯特·波法尔等人发现，整个吉萨高原上的古迹其实反映的是公元前10500年的天象，而狮身人面像是其中一个不可缺少的组成部分。

根据古埃及神话传说和一些文件记载，远古时代的智能经典被秘密隐藏在吉萨的某个地方。因此有人认为，这显然是一个不寻常的提示，把天象中的坐标转换为地上的坐标，便暗示着那些远古时代的宝藏就埋藏在狮身人面像下的岩石之中。

宝藏到底藏在哪里

那么，狮身人面像真是太古洪荒时代遗留下来的一份藏宝图标识吗？它守护着的是否是人类远古时代最重大的秘密呢？

根据埃及某些文件和神话传说，古埃及的智能之神索斯曾将远古时代的知识写成42卷经典，刻在石壁上，埋藏在地下，留给后代那些"有资格得到这些知识的人"。

而在公元前2400年，埃及第五王朝留下的金字塔经文中，也记载着吉萨的地下封存着远古时代法老欧西里斯的某种秘密。古埃及学研究者约翰·魏斯特对狮身人面像进行深入观察后发现，这个巨大的石像并不是像过去有些人认为的那样简单地利用一个凸起的小山包雕成的，而是在一块高地上挖掉周围多余的岩石建成的。

这就是说，在施工时，先要沿着准备雕成狮形的石灰岩巨石的中心点开凿出一道大堑壕，并将周围的岩石全部切除。1990年，美国地球物理学家托马斯·多比奇等人在用地震测量仪检测狮身人面像时，发现在狮身人面像身体下距地面5米处的岩床里有一个12米长、9米宽的长方形洞穴。由于这个洞穴呈规则的几何形状与天然洞穴完全不同，多比奇认为这是一个人工洞穴。这一发现进一步激起了人们对狮身人面像下埋藏的远古宝藏

的兴趣。有些人立刻想到电脑模拟的天象图中春分点在狮子座后爪下的位置，经过研究和比较，这一位置与狮身人面像下洞穴的位置基本相同。

神秘的地下宫殿

1999年3月3日，埃及政府史无前例地在摄像机面前打开了第四王朝卡蒙塔纳比梯王后二世的金字塔，在面向全世界的现场直播中，埃及官方吉萨古迹总监、考古学家哈瓦斯在狮身人面像前宣布：他脚下确实有巨大地下宫殿，即欧西里斯的神殿。

地下宫殿共3层，前两层是空的，真正的神殿在地下深处的第三层，神殿里有4根巨大的石柱，包围着一个置放在水池中的巨大石棺。地下宫殿的宏伟令人叹为观止，而石棺中藏的究竟是不是重大秘密或传说中的史前典籍呢？埃及有关部门对此表示："地下工程的发掘工作远没有结束，现在才刚刚开始"。但实际上，他们并没有立即着手安排发掘，仍处于准备阶段。虽然挖掘结果难以预料，但有一点可以肯定：狮身人面像是整个吉萨高地表示远古时代天象的古建筑群的一部分，是狮子座时代指示春分点的标志，同时在某种意义上，也可以说是起着藏宝图的作用。

而从它的设计构思、建造技术以及它蕴含的天文学和数学信息来看，它确实出于一个在太古时代就已高度发达的文明之手。而且，在它的地下宫殿中蕴藏的秘密，不论是否是传说中史前智慧的典籍，对了解人类远古时代的文明史都具有不同凡响的意义。

血腥的丹漠洞宝藏

残忍的丹漠洞大屠杀

　　爱尔兰的基尔肯尼郡是一个风光旖旎的地方，也是爱尔兰最重要的旅游城市之一。每年都有数以万计的游客来到基尔肯尼，他们必定参观的地方是丹漠洞遗址。

　　丹漠洞被称为爱尔兰最黑暗的地方，因为这个洞穴记录了一次惨无人道的大屠杀。928年，挪威海盗来到爱尔兰，对基尔肯尼附近一带进行洗劫。当时居住在丹漠洞附近的居民为了逃命，在海盗袭来的前几个小时集体躲到洞中。

宝藏名片

名称：丹漠洞宝藏

数量：不详

地点：爱尔兰基尔肯尼郡

时间：928年

事件：一千年前被挪威海盗杀害的
　　　基尔肯尼居民隐藏的财宝

  丹漠洞是一个巨大的溶洞，洞里地形复杂，有连串的小洞穴一一相连，避难的人认为这是绝佳的藏身之地。他们幻想海盗抢完能抢的东西后就会离开。

  然而丹漠洞的入口太过明显，海盗很快发现了洞中藏人的秘密，一场血腥的大屠杀开始了。海盗进入洞里，把所有发现的人都杀死，估计有1000多人，然后守在洞口半个月，没有当场被杀死的人后来都因染病而死或者饿死了。

黑暗历史的纪念馆

  在之后将近1000年的时间里，丹漠洞成了爱尔兰的"地狱入口"，再没有一个人敢进入洞中。

  直至1940年，一群考古学家对丹漠洞进行考察，仅仅在一个小洞穴里就发现44具骸骨，多半是妇女和老人的，甚至还有未出世的胎儿的骨骼。骸骨证实了丹漠洞曾经的悲剧，1973年这里被定为爱尔兰国家博物馆，每年迎接无数游客前来纪念那些惨遭屠杀的人。

记录着残忍
和血腥的丹
漠洞宝藏

　　然而，丹漠洞的故事到这里还没有结束。1999年，一个导游的偶然发现证实这里不仅是黑暗历史的纪念馆，沉默的洞穴中还隐藏了数不清的宝藏。

意外发现的宝藏

　　1999年冬天，一个导游准备打扫卫生，因为寒冷冬季是旅游淡季，丹漠洞将关闭一段时间。他准备仔细清理游客留下的垃圾，所以去了很多平时根本不会去的洞穴。

　　在一个离主路很远的小洞里，导游突然看到一块绿色的"纸片"粘在洞壁上，他以为那是一张废纸。走上前去，赫然发现那根本不是什么纸片，而是什么东西从洞壁的狭缝中发出闪闪绿光。导游用手指往外抠，结果抠出一个镶嵌着绿宝石的银镯子！

洞穴里还有宝藏吗

诚实的导游马上将发现报告政府，在接下来的3个月里，爱尔兰国家博物馆的工作人员从那个狭缝中挖出了几千枚古钱币，一些银条、金条和首饰，另外还有几百枚银制纽扣。

这些东西应该是当时躲藏的人随身携带的，也许为了让财物更安全，他们把值钱的东西集中然后藏在一个隐蔽小洞里，甚至把衣服上的银纽扣都解了下来。

海盗之所以屠杀所有的人，也许和没能发现这些财宝有关。

由于在潮湿的洞里待了1000多年，挖出来的东西都失去了金属原有的夺目光彩。国家博物馆的几十个专家工作了几个月才让所有艺术品和钱币重现光彩。

考古人员说，有一些工艺品和纽扣的样式十分古怪，在所有和海盗有关的文物中都是独一无二的。

在丹漠洞中被杀害的人现在可以安息了，他们为之丧命的财宝现在成了爱尔兰的国宝，将永远聆听世人的惊叹和赞美。

Cheng Bao
Xia De Mu
Xue Cai Bao | # 城堡下的
墓穴财宝

帕里斯意外发现地道

目前在法国境内共有36000座城堡，这些美丽的城堡都有着好几百年的历史，大多是法国中世纪的传统建筑。几百年来，每一座城堡的背后都隐藏着一段鲜为人知的秘密，雷恩堡宝藏的故事就是在一个非常古老的城堡发生的。

17世纪20年代的一天，老实巴交的大男孩帕里斯在雷恩堡附近的一片山丘上放羊时睡着了。醒来时，他发现一只老山羊不见了，赶紧四处寻找。在不远的山坡下，他看见下面有个大裂缝，便疑惑地走了下来。

地道里很幽暗，只能透进来一点光亮。越往里走越黑，再往里走，他吓得魂都要出来啦！因为他眼前到处都是骷髅，万分惊愕之中帕里斯竟不由自主双腿一软，跪在那些骷髅旁，不停向上帝祷告，生怕里面突然有鬼魂蹿出来把他弄死。

地道里哪来的金币

　　大男孩毕竟是个小男子汉，后来他慢慢让自己的情绪稳定下来，这才注意到，原来里面并不都是骷髅，地上还摆放着几个已分辨不出颜色的大箱子。帕里斯大胆地掀开了箱子，突然眼前一亮：原来里面全是金币！

　　帕里斯将金币装满了自己的口袋，转身就往家跑，接着而来的事情可以想象。这次惊险的经历，一夜之间彻底地改变了他和他父母的家庭状况，并很快招来了雷恩堡人的议论纷纷：有的不解，有的猜测，有人嫉妒，甚至有人到地方官员那里去告发了他。

　　帕里斯是个虔诚的教徒，他不愿意说假话，但也不愿意说出真相。由于他始终

宝藏名片

名称: 城堡下的墓穴财宝

数量: 1850万枚金币

地点: 法国雷恩堡

时间: 1250年

事件: 法国摄政王后布朗施·德·卡斯蒂耶隐藏

没有透露这些金币的真正来历，结果竟以莫须有的盗窃罪冤死于狱中。但是，这个倔强的孩子到死也没有说出来那个地下墓穴道的秘密。

这笔宝藏的主人是谁

那个地下墓穴到底有多少金币？有多少财宝？又是谁隐藏在那里的呢？经过后人的考证，那是一笔多达1850万枚金币的宝藏！这么大的一座"金山"，它们到底是谁留下的呢？

有的历史学家们认为，这笔巨宝是1250年法国摄政王后布朗施·德·卡斯蒂耶隐藏的，它们至少已有700多年的历史。王后为什么要把这笔宝藏藏在雷恩堡呢？

有人推测，1250年2月，卡斯蒂耶王后为了躲避一场武装暴动的冲击，带人来到了雷恩堡。那时雷恩堡叫雷达，有近3000名居民，四周筑有坚固的城墙，易守难攻，被认为是一座攻不破的城堡。

更主要的是，雷恩堡位于通往西班牙的大道上，必要时，还可以退往西班牙躲避。所以，摄政王后决定把雷恩堡作为临时的"道府"，把这笔国库巨宝隐藏在当年称之为"城堡主塔"底下的一个秘密处，以作为她需要时的储备金。

宝藏主人的其他两种猜想

也有人认为，这笔巨宝可能属于法国古代一个叫阿拉里克的国王。

阿拉里克国王的首都当年也设在雷恩堡，据说这个国王骁勇善战，从征战中夺取了不少财宝。但这一说法缺乏证据，因为这个墓穴是按照卡斯蒂耶的羊皮纸上的铭文找到的，金币铸造的时间是1250年以前，而不是古代的货币。

还有人认为，这也许是中世纪法国的异端教派纯洁派的财宝，因为雷恩堡曾经是纯洁派的主要据点之一。据历史记载，该派教徒生活很俭朴，却积累了不少财宝，并常常把财宝埋藏起来以作为应急之用。

这笔宝藏，可能就是纯洁派积累和隐藏起来的应急财富。但后来由于某种不为人知的原因，知道底细的财宝守护者失去了传承，遂使宝藏失落在历史的长河之中。

发现藏宝图

1654年，人们重建雷达镇，并改称为雷恩堡，从此，这笔巨宝的真正下落就成了历史谜案。200多年的岁月抹去了帕里斯和这笔财宝所有的痕迹，雷恩堡似乎什么事情都没有发生过。1892年，索尼埃神甫得到了一笔2400法郎的市政贷款，用以修缮他的教堂和正祭台。索尼埃随手拿起一根圆木，发现里面有一卷陈旧的植物羊皮纸，纸上写着一些带拉丁文的古法文。他凭直觉猜想，里边肯定大有文章。

索尼埃神甫草草结束教堂的修缮之后，便把一切精力都用到钻研这卷羊皮纸上。他认出来里面有段《新约全书》中的内容，还发现了上面有法国摄政王后布朗施·德·卡斯蒂耶的亲笔签字以及她的玉玺印章。于是在1892年冬天他动身去了巴黎，求教语言学家，出于谨慎，他给语言学家们看的仅是一些无法说明意思的只言片语。

最后，他终于领悟到，仿羊皮纸上写的是有关这位法国王后隐藏的一笔1850万枚金币巨宝的秘密。索尼埃在返回雷恩堡时虽然还没有弄清楚这笔巨宝究竟藏在何处，但已掌握了可靠的资料。他首先在教堂寻找，没有发现任何痕迹。

找到宝藏一夜暴富

　　索尼埃神甫在妻子玛丽的协助下，开始在公墓中转来转去。一天晚上，他们终于在一个早已空空旷旷的被称之为"城堡"的墓地底下发现了一条地道。他们顺着这条地道，终于走进了一座神秘的地下墓穴，发现了里面的金币、首饰以及其他贵重物品。

　　索尼埃并没有忘记存在着的危险，为了永久地保守这个秘密，他干脆悄悄刮掉公墓中伯爵夫人墓石上的铭文，并精心消除了所有能使他人发现地下墓室的蛛丝马迹，又把那卷羊皮纸也藏进了只有他和玛丽知情的地下墓室。

　　神甫和玛丽从地下墓室中弄出了不少金币和首饰，在一切都做得天衣无缝之后封闭了墓穴。为了掩人耳目，他和玛丽商定，他先去西班牙、比利时、瑞士、德国，把金币兑换成现钞，随后用玛丽·德纳多的名义通过邮局寄到这里。1893年时，索尼埃神甫已经成了腰缠万贯的富翁。

再次失去踪影的宝藏

1917年1月5日，神甫索尼埃被肝硬化夺走了生命。此后，玛丽过起了深居简出的生活，那个古墓地秘密也只有玛丽一个人知晓了。1946年，温柔的诺尔·科比先生在玛丽的晚年认识了孤独的玛丽。他整天陪玛丽散步、聊天，这赢得了玛丽的信任和友情，玛丽觉得此人十分可靠。

一向守口如瓶的玛丽一天晚上对科比说："你无须担忧，将来你也会有花不完的钱。我临终前会告诉你一个秘密。"

但不幸的是，1953年1月18日，玛丽突然病倒后不省人事，带着她心中的藏宝秘密离开了世界。可怜的科比先生没能知道这个秘密，也没能从玛丽那得到任何好处，但却添了一块心病。从此，他像一只无头苍蝇一样在雷恩堡到处乱转，企图找到这笔财宝。

经过10多年的日夜搜寻，直至1965年，科比终于绝望了。也难怪，当年索尼埃和玛丽之所以能找到那座墓室，靠的是指点迷津的羊皮纸和墓石上刻的铭文，而如今这两条线索都已被消除。

探径取幽疑无路 ▌

**Shi Luo Zai
Zhao Ze Di
Li De Yi Bao** | # 失落在沼泽
地里的遗宝

约翰珍藏的珠宝

　　几百年来，世世代代的英格兰人都无法忘记约翰这位国王，是因为他把价值连城的英格兰王室的宝藏陷在了沼泽地里，后人几百年来不断搜寻，对其下落也是众说纷纭。

　　尽管这位国王一生名声不佳，但他毕竟受到过良好的教育，有极高的文化修养和高雅的品位。

　　约翰最大的特长是鉴赏珠宝，在位期间，他收集了很多非常珍贵的珠宝。

　　约翰不断地扩大他的收藏品，

宝藏名片

名称：沼泽地的宝藏

数量：200万英镑

地点：英格兰维尔斯特雷姆河

时间：1216年

事件：英格兰约翰国王外巡途中
　　　所带财宝全部陷入沼泽

在他收集的珠宝中，有几件稀世珍品是他在欧洲大陆通过经纪人买下来的。出于喜爱，他总把这些珠宝带在身边，还为此制作了特别的箱子。

但有时为了安全起见，他也把收藏中的一部分分散到全国各地的修道院保管，但他要求手下的人，必须非常仔细地列出清单。在他托人保管的珍宝中有德国皇帝海因里希五世的遗孀艾姆普瑞斯·玛蒂尔德女士加冕时的一顶来自德国的大皇冠、红衣主教的短袖束腰长袍、镶嵌着宝石的腰带、一个海因里希五世加冕时披戴的真丝幔帐、一颗巨大的蓝宝石、带有金色鸽子的金节杖、两把宝剑，还有金杯和金十字架。

遗落在淤泥中的宝藏

1216年10月11日，约翰从雷恩前往维斯拜赫，在约翰到达雷恩城时，他从各地搜刮来的战利品已经多得不计其数，军队中那些结实的箱子里珍宝越来越多，他不得不下令把那些行李留在了雷恩城。

随后，在通过维尔斯特雷姆河的时候，约翰突然发现，水中的地面突然裂开，漩涡把部队的人马和携带的金银财宝，全都卷到了水底。约翰本人就在现场，他眼看大事不好，便想去找人求救，但被靠近的河水逼得退了回来。

　　转眼之间，这位英格兰国王不但失去了他的军队、车马，也失去了他费尽心机多年来收集的所有珠宝和从修道院储藏室中取出的贵重物品，所有的一切都沉入了维尔斯特雷姆河的流沙中。据估计，这些财宝价值大约为200万英镑。

　　约翰本来就得了痢疾，转眼间又丢失了所有的珠宝，连急带气，很快病入膏肓。克罗克斯顿修道院院长听取了约翰的临终忏悔，并为他举行最后的涂油礼。

　　1216年10月19日，约翰在纽沃克去世，被安葬在沃尔柴郡的大教堂。

初次探寻宝藏

　　在以后的700年间，这批王室的宝藏被遗忘在沼泽地里。直至1906年2月15日，伦敦文物研究者协会秘书约翰·豪普做了题为"国王约翰的队伍宝藏的丢失"的报告，这才引起公众对约翰遗失物品的兴趣。

　　业余考古爱好者的沃德·克里夫让他的部下库尔诺克来寻找这段传奇的线索，经过一段周折，库尔诺克找到了另外两个寻宝者——阿维克多和苏格兰工程师威廉一同前往。

　　三个人开始进行系统的寻找，经过几年的调研，他们得出结论：宝藏在地下大约一平方千米左右的矩形范围内，但这个地方已经被湖水淹没很久了。威廉钻了一个孔，发现宝藏没有沉到22米深的坚硬的河床底部，他估计沉到了11~12米深的流沙中。

　　1929年年底和1930年年底，英国政府分别颁布了两个寻宝许可证，一个在萨顿桥附近；另外一个在萨顿附近一个占地面积达440公顷的叫作"东方的萨顿桥"的地区。寻宝许可证上明文规定，在扣除寻宝所需的所有费用后，宝藏的净利润由王室与寻宝者之间均分。但令人疑惑的是，后来这事情没有了下文。

让人无限遐想的报告

1929年夏天，来自巴尔的摩的富有的美国人约翰·赫特·博纳获悉此事后，便决定为寻找宝藏筹措经费。后来他认识一位叫庞森拜的人，并任命他担任新成立委员会的领导者。

1932年10月6日，他们得到寻宝许可证，有效期限为3年或者干脆直至发现宝藏为止。

两个月后，他们以"沼泽研究界限"为名注册了一家股份公司，投资为1000英镑，被分成1000张一英镑的股票出售。

1933年6月，博纳遇到了一个从德国逃亡来的化学家卡尔·格拉特维茨，他向博纳承诺用他自行设计的一种探测金属的探矿杖，可以最快速地定位宝藏，并能加快它们的挖掘。格拉特维茨马上着手进行工作，经过到沼泽地实地考察后他拿着自制的金属探测器进行了不同的测量，并称在萨顿桥边的一个长8米、宽1米、距离下沉的河床约50米的地方，至少有24辆装有银子和其他货物的车、200匹驮着金袋子的马以及士兵们。尽管这篇报道引起轰动，但寻宝一事接下来就没有了下文。不久，这个公司就因为财务状况在繁多的诉讼官司中走到了尽头。

宝藏究竟埋在哪里

    1954年秋天，塔克博士带着仪器与他的队伍第一次前往沼泽地。他在后来的工作报告中说：约翰国王的队伍选择了一片浅滩来穿过维尔斯特雷姆河，这片浅滩直至16世纪仍被人们使用。在年复一年的探测中，他们共用了大约30条横线列出了两平方千米的范围，得到了1000多个不同的值。最终证明了这一地区确实曾经有马车经过。在所有的测量结果之后，结论是，在约翰王时代确实有一支队伍横穿河口。

    后来呢？3年的工作，难道就为了得到这个结论吗？约翰王的那些珍贵宝藏到底埋藏在哪儿呢？也许，人们还会找到那批宝藏，也许它们会永远沉睡在那里。

Mu Shi Xia De Sai Ti Yi Shi Zhen Bao | 墓室下的 塞提一世珍宝

沙土掩埋的神殿属于谁

1813年，瑞士人布尔卡德在当地一个阿拉伯人的引导下去参观菲塔莉王后的小神庙时，无意中看到了4座几乎已全部陷入沙中的巨像，雕刻在距小神庙200米之外的一个很深的山口中的岩壁上。

4年后，意大利人乔万尼·贝尔佐尼在挖了20天之后，从一条狭缝里爬入了巨大的神庙，他看到神庙里到处都是生动亮丽的浮雕和色彩鲜艳的壁画，拉美西斯二世门口的巨像就是这位法老的造像。

根据公元前1世纪访问过阿比多斯的希腊地理学家史特拉堡的记载，在葬祭殿之后，还有一座"用坚硬的石头建造起的一座令人惊叹不已的建

筑"，这就是充满传奇色彩的欧希里恩神殿。但在悠远的历史岁月中，它已完全被淤泥和流沙所掩埋。直至1914年人们才将这座神秘而庞大的建筑物重新从地下发掘出来。但这座巨型建筑到底是做什么用的，却始终没有定论。有人认为这可能是塞提一世的衣冠冢，但也没有确凿的证据。

塞提一世的假陵墓

　　塞提一世宏伟豪华的葬祭殿和欧希里恩神殿被重新挖出的消

宝藏名片

名称：塞提一世珍宝

数量：不详

地点：埃及

时间：1813年

事件：古埃及第十九王朝法老塞
　　　提一世死后随葬珍宝

息，进一步勾起了人们对他的陵墓的想象和挖掘的欲望。于是，找到并发掘出塞提一世的陵墓就成了世界上众多考古学家、探险家、寻宝者和盗墓贼们朝思暮想的共同心愿。

意大利人乔万尼·贝尔佐尼是个非常了不起的人物，他不但发现了塞提一世的儿子拉美西斯二世的神庙，据史料记载，他也是近代最早在塞提一世陵墓寻宝的人。此人青年时学过物理学和机械制造学。

为了讨好当时的埃及总督穆罕默德·阿里，他设计并制造了一台水泵给总督表演。总督并不了解这台水泵有多大用途，但还是签发了一张可以随处发掘的许可证给他。

1817年，贝尔佐尼来到阿比多斯的帝王谷来寻找塞提一世的陵墓。他在塞提一世的父亲拉美西斯一世陵墓入口处附近挖掘，挖至地下6米深的地方，曾碰到了塞提一世陵墓的入口，劳工们继续往下挖，直至最终发现陵墓。

　　贝尔佐尼和阿里的曾祖父一同下到地下数百米深的陵墓，可是墓室里除了一口空荡荡的镶金雪花石膏石棺之外，他们什么也没有找到。

　　不过，贝尔佐尼意外发现了一张"阿比多斯国王名单"，也算是不虚此行。这是一块3米×1.82米大的雕刻名单，记录着从公元前3000年第一王朝的第一位法老美尼斯到塞提一世以前的76位法老的名字，而且每个名字

都以象形文字刻在一个个椭圆形的徽纹记号中。在名单的最左边，浮雕着两个人物，一个是塞提，另外一个就是他的儿子，也就是未来的拉美西斯二世。

从陵墓的情形看，这里显然曾被盗过，但贝尔佐尼仍不死心，他打算凿开墓室的墙壁继续深挖。可阿里的曾祖父再三劝他说，再挖也是劳而无获，不会有其他东西，贝尔佐尼只好将这口仅存的空石棺运到了英国。

其实塞提一世的木乃伊并未被盗，这不过是塞提一世为防盗而修建的

一座假墓，现在真正的木乃伊仍完整地存在开罗博物馆中。它是由阿里的祖父穆罕默德兄弟三人于1871年在靠近帝王谷的沙克·埃尔·塔布里亚的一个山崖洞穴中发现的，第二十一王朝法老彼内哲姆为防盗而将许多国王的木乃伊集中重葬在该洞穴中。

申请挖掘塞提一世陵墓

10年之后，穆罕默德兄弟三人被捕，这些木乃伊遂归开罗博物馆所有，在阿里家族中至今还保存着他曾祖父留下的文字记载。文字记载说，当他本人看到墓室的墙壁及地面全由巨石所封闭时，便断定塞提一世的宝藏并未被盗。

随后，这个家族的秘密一代传一代，他父亲临终前告诉了他。阿里以前也像他的祖辈一样，曾是一位有名的盗墓贼，而且他还间接地参与了许多大宗倒卖文物的黑市交易。

1960年，阿里将这个隐藏了近半个世纪的秘密告诉了埃及古文物部门，并且主动承诺承担经费，倡议古文物部门挖掘塞提一世的陵墓以寻找宝藏，有关部门接受了他的请求。

探宝活动无功而返

1960年11月12日，《法兰西晚报》报道："在38℃的高温下，65名劳工光着膀子挥汗为寻找塞提一世国王的宝藏在200米深处不停地挖掘，并

有一位50岁的阿拉伯富翁为此提供所需的全部资金。"

半年后，工人们由墓室的墙壁开出一条只有0.8米高、1.5米宽，但长达141米的倾斜向下的隧道。他们只能猫着腰用篮子往外运送岩沙。隧道在一米一米地往里延伸，当隧道超过200米长时，工人们已经清理出古埃及人凿出的40级台阶。然而就在这个地方，他们再也无法前进一步了，因为摆在他们面前的，是一块几百吨重的巨石。

如果用炸药来炸开这些巨石，不仅这条隧道毁于一旦，更可怕的是塞提一世的陵墓可能将永远无法发掘，就这样，工程陷入了绝境。此时的阿里已经弹尽粮绝，投入的巨资已全部花光，政府部门又不肯为此增加一点拨款，于是探宝工程只好搁置，不了了之。

至此，人们肯定会问：塞提一世的陵墓是不是就在那几块巨石后面呢？对此专家们只能回答：很有可能。但在挖开巨石之前，谁也不敢做最后的结论。

而根据现在人们掌握的工程技术水平，还无法打开这个障碍，举世瞩目的塞提一世陵墓和引起无数人觊觎的塞提一世宝藏，还静静地隐藏在帝王谷里。

Ni Bo Long Gen
Bao Zang
De E Yun

尼伯龙根
宝藏的厄运

意外发现的瓜拉萨宝藏

　　1858年8月15日，在瓜拉萨和达贾多岩山谷间的托莱多城附近，有个村民和他的妻子冒雨赶路回家途径瓜拉萨，他们停了下来想找点水喝。连续几天的大雨把瓜拉萨古老的城墙冲刷出千沟万壑。他的妻子在城墙下弯腰喝水时，突然看见墙缝里有什么东西在闪光，便把手伸了进去，随手拿出了一条金项链。万分惊异中，这两人开始对墙缝进行挖掘，竟然在瓜拉萨城墙的缝隙里发现了大量的黄金和珠宝，

宝藏名片

名称：瓜拉萨宝藏

数量：不详

地点：西班牙莱多城附近

时间：1858年

事件：有个村民和他的妻子发现
　　　了传说的尼伯龙根宝藏

他们迅速把这些东西塞满袋子后离开了此地。

后人把这次发现叫瓜拉萨宝藏，谁也不知道这两个农民到底挖走了多少宝藏。恰巧，当时托莱多王宫里的一位金匠瑟·纳瓦罗喜欢古董，便将这对夫妇得到的珠宝全买了下来。纳瓦罗一共得到了9个用纯金做成的有无数珍珠和宝石装饰的还愿王冠，最大的王冠上刻着"国王瑞斯委兹保佑"，瑞斯委兹是一位西哥特国王。

这个精明的金匠十分清楚当时西班牙宫廷里的习俗，他不会不知道，如果他把这些珍宝都报上去，最多只能得到可怜的一点补偿。于是他想到了走私。

后来这批宝藏被走私到了巴黎，通过法国政府，最后运到了博物馆。当马德里知道这桩交易时，把自己视为西哥特人的正宗后代的西班牙政府要求立刻归还王冠。

新发现的两个王冠

巴黎和马德里之间持续了一个月的繁忙的互换照会，以及没完没了的开会和谈判。最后，为了破坏法国人的兴致，西班牙的学者们称，所有的宝藏都不是用金子做的，都是伪造品。这个谣言传播的时间很长，直至有个叫德·拉·克鲁斯的人被一篇报纸上的文章所激，决定再去挖一次。

当德·拉·克鲁斯秘密地搜寻瓜拉萨的墓地时，使他大吃一惊的是他发现了同样精美的两个还愿王冠，一个属于国王斯维提拉，另一个属于修道院院长特奥多修斯。另外还有一个纯金制成的绚丽夺目的十字架，它是属于大主教特提乌斯的。

1943年，法国和西班牙之间关于留在巴黎的瓜拉萨宝藏的长期争吵终于结束了。当时欧洲大部分已处于纳粹第三帝国的蹂躏之下，法国统治者迫于纳粹德国的压力，决定把其中最珍贵的东西交给德国的弗兰克将军。

但仅仅过了两年多，在盟军的打击之下，第三帝国灭亡了。瓜拉萨宝藏到底是谁隐藏下来的，后来这批宝藏又流露到何处了呢？

《尼伯龙根之歌》记载的宝藏

有的寻宝者在媒体上发表文章说，所谓瓜拉萨宝藏其实就是《尼伯龙根之歌》里面的宝藏。

1755年6月29日，医生郝尔曼·奥伯莱特在策尔伯爵的霍恩埃姆泽城堡的图书馆发现了两本用羊皮纸装订的古文手抄本的古书，其中一本写得非常清楚，讲的是勃艮第女王克里姆希尔特的故事，题目是《尼伯龙根宝藏》。

这本古书详细地讲述了尼伯龙根宝藏的来龙去脉，并认真地指出，《尼伯龙根之歌》中所说的宝藏并非虚构，而是确有其事的。奥伯莱特大夫一眼就看得出来，这是一本几百年前的、被虫子咬过的、用很多羊皮装订起来的古书，里面的字是用墨和鹅毛管笔写成的。

他好奇地问伯爵，这本古书是从哪来的，书里面讲的那笔巨大的宝藏又埋藏在何处呢？

伯爵告诉他说，那本书是他的祖先所收藏，至于书里所说的宝藏到底是真是假，他也没有考证过。

民工发现大量宝藏

1837年4月初，两名罗马尼亚采石工到布泽乌开采石头，在两块大石头之间地层下面发现了一堆金子。

这堆金子当时被一个很大的纯金制作的圆盘覆盖着，还有许多杯子、壶、颈圈和扣环，扣环上刻着一种他们不认识的文字。这两个采石工不能肯定这堆东西到底是黄铜还是真金，他们给了村子里一个叫

维鲁斯的石匠一小块，让他去布加勒斯特问问别人这到底是什么东西。石匠维鲁斯从布加勒斯特回来之后，用4000个皮阿斯特和一些衣物换取了他们挖掘出来的所有的东西。

尽管这个石匠力气很大，但这堆东西毕竟有70多千克重，为了携带方便，维鲁斯当即用斧子把大件物品都弄成便于携带的小块，后来还是觉得不好拿，就干脆把小块的用靴子踩平。

这样一来，东西是好拿了，但上面大部分宝石也都从它们原来的托座中掉了下来，石匠生怕采石工懊悔，没顾得上拾那些散落在地上的项链和宝石，就背起包来急忙走了。

采石工并不稀罕那些被石匠弄下来掉在地上的宝石和项链，就顺手把地上的东西扫了扫，扔到了房子后面的粪堆上。后被另一个村民看见，向布泽乌的主教告发了他们。

国王的弟弟后来也亲自来到这里，石匠被逼无奈，只好把专门委员

会带到了邻近的一条小河旁，承认他自己把宝藏埋藏在那里，但专门委员会只在那里找到一小部分。专门委员会一共抢救出来了12件文物，可惜的是，有的已经严重损坏了。

屡遭厄运的宝藏

事后，所有参与此事的人都被投进了监狱，宝藏被运到罗马尼亚首都布加勒斯特。经过艰苦的修补后，1867年，在巴黎世界博览会上，这批无价之宝轰动了世界。

有人惊呼："《尼伯龙根之歌》中的宝藏现身了！"这批珍宝被发现的离奇古怪的曲折过程，也成了当时报纸上的头号新闻。后来这批珍宝又

在伦敦和维也纳展出，最后回到了罗马尼亚国家博物馆，被安置在那时的布加勒斯特大学侧楼的底层。

没想到博物馆的职员并不把这些珍宝当回事，这些珍宝在此竟又连遭厄运。

1875年11月的一个暴风雨的夜晚，一个学生偷偷溜进大学的图书馆大厅，在地板上钻了一个洞，钻入下面的展览厅，把东西从陈列柜里拿了出来，打碎后装满旅行包逃走了。其中有一个展品很重，不方便携带，他就把它丢在了学校院子里的雪地上。

这次盗窃惊动了布加勒斯特所有警察，很快他们发现一个正准备把一部分珍宝放到坩埚上熔化的珠宝商，剩下的珍宝后来陆续被找到，得救的碎片被安置在博物馆里一个特别安全的柜子里。

祸不单行，1894年4月5日的夜里，这里又发生大火，陈列的宝藏在最后的紧急关头被救了出来，大火把博物馆的墙基都烧毁了。一队金器专家在柏林艺术博物馆待了整整一年，却最终无法再使这些东西恢复原初的美丽。

这些珍宝是真正的尼伯龙根宝藏吗？如果不是，那神秘的尼伯龙根宝藏又隐藏在何处呢？

特洛伊宝藏
得而复失

Te Luo Yi
Bao Zang
De Er Fu Shi

立志寻找特洛伊

　　关于特洛伊的传说是古希腊文学中最著名的题材，并构成《荷马史诗》的主体。特洛伊城的美女海伦让人着迷，她的美貌使1000艘船为之沉没，她的魅力导致了历史上由女人引发的最大战争，即特洛伊战争。

　　生于德国纽巴克的史莱曼第一次听父亲讲特洛伊城的故事时，就被特

洛伊和海伦迷住了，他暗暗发下宏愿："我长大后，一定要去寻找失落的特洛伊。"

进军特洛伊城

史莱曼费了很大心思研究荷马的《伊利亚特》，并非常自信地认为，特洛伊城的旧址就在达尼尔海峡南岸内陆5000米左右的希萨里克山下。1871年年底，他终于获准前往希萨里克山。在1871~1873年的挖掘工作中，史莱曼每天晚上都要把白天发掘出的各项物品，诸如武器、饰品、家庭用品及其他手工制品一一登记，仔细描述。

史莱曼对一尊阿波罗驾驭4匹骏马的雕像的描述，神采和文采都十分独到，不像是一般的考古鉴定，而像是一篇充满想象力和情调色彩的鉴赏文章，读来能从中领略到历史的震撼力和艺术的不朽魅力。

震惊世界的铜壶

1873年的一天清晨，当史莱曼夫妇在离主要挖掘区较远处工作时，忽然敲到一块金属似的硬物，他急忙挖出来一看，原来是一个奇形怪状的大铜壶。

　　史莱曼意识到这不是一般的东西，便悄悄地把宝物藏到他们的小茅屋里。到了夜深人静的时候，两人迫不及待地将铜壶里的东西查看了一番，结果令他们瞠目结舌，不敢相信这是真的。铜壶中有许多金质、银质的瓶子、杯子、王冠、耳环、手镯，以及珠宝，还有许多铜器。清点壶中之物就花了很长一段时间，结果，光是金制品就有8700多件！

　　史莱曼决定违背诺言，对土耳其政府隐瞒这些宝物，自己悄悄运回雅典。他成功了，但是至于是用什么办法运出去的，史莱曼和索菲亚均守口如瓶。

再次消失的珍宝

　　当史莱曼公开这一发现后，土耳其政府立刻向希腊法庭指控史莱曼违法私运国宝。法庭最后判决史莱曼只要付给土耳其政府10000法郎，便可以保存那些宝物。

　　除此之外，史莱曼又给君士坦丁堡皇家博物院捐赠了40000金法郎。

这么一来，史莱曼还是凭借他对博物院的慷慨捐赠，又一次被获准重返特洛伊城。

不过此后的挖掘中，再也没有发现能与铜壶媲美的宝物。

1890年，史莱曼去世，享年69岁。当时，他决定把挖掘出的宝物捐献给他的祖国——德国，这一举动使他成为柏林历史上第三个荣誉市民。可后来发生的事，却又使这一举动成为不幸。

第二次世界大战爆发后，为了安全起见，特洛伊宝藏和麦锡尼宝藏被分散到各地保存，由此厄运接踵：大部分陶器和利比斯堡一起被苏联攻克柏林时炸毁；藏在柏林若罗吉车站下的煤仓中的金饰被苏军运回莫斯科，不过后来有人怀疑这批文物最后并没抵达目的地。

仿佛是经历了一个轮回，特洛伊宝藏又像几千年前一样不知去向，神秘失踪。

迈锡尼城的宝物在哪里

迈锡尼的传说

德国商人、考古学家史莱曼在土耳其西北部的希色拉克山丘上发现特洛伊古城之后，又来到了希腊南部伯罗奔尼撒半岛的一个山谷中进行发掘。希腊南部伯罗奔尼撒半岛是征伐特洛伊的希腊联军的统帅、迈锡尼国君阿伽门农的故乡。

大约在公元前2000年左右的早期青铜器时代，迈锡尼文明就开始了，大约公元前17世纪，希腊人的一支阿

宝藏名片

名称：迈锡尼城宝物
数量：不详
地点：希腊伯罗奔尼撒半岛
时间：1876年
事件：德国考古学家史莱曼发
　　　现迈锡尼宝藏

卡亚人在迈锡尼兴建了第一座城堡和王宫。据《荷马史诗》描述，兴盛时期的迈锡尼是一个"富于黄金"的都市，以金银制品名扬天下。

迈锡尼城堡遗址

迈锡尼城堡位于查拉山和埃里阿斯山之间的山顶上，平面形状大致呈现三角形。城墙由巨大的石块环山修建，高8米，厚5米。

西北面开有一座宏伟的大门，门楣上立有一个三角形石刻，雕刻着两只跃立起来的雄狮。狮子门内左边有一间小屋，估计是古代看门人的住所。在狮子门内侧，独眼巨人墙以东发现有6座长方形竖穴墓，这些墓葬被包围在竖立的石板围成的圆圈中，直径约26.5米。

在石圆圈中，共有6座坟墓，葬有19人，这些尸骨大多被黄金严密地覆盖着。男人的脸上罩着金面具，胸部覆着金片，身边放着刀剑、金杯、银杯等；妇女肩上戴着金冠或金制额饰，身旁放着装饰用的金匣，各种名贵材料做的别针，衣服上装饰着雕刻有蜜蜂、乌贼、玫瑰、螺纹等图案的金箔饰件；两个小孩包裹在金片之中。

史莱曼发现这批古墓和墓中大量的金银制品后，他结合《荷马史诗》

中有关阿伽门农从战场凯旋后，其妻子和情夫在宴会上趁其不备将这位迈锡尼国君谋杀的传说，认定墓中戴着金面具的死者就是从特洛伊战争中归来的阿伽门农及其随从的遗骸。

发现阿特柔斯宝库

1951年，即史莱曼发掘迈锡尼之后75年，希腊考古学家帕巴底米特里博士发现了第二个墓区，这个墓区在狮子门以西仅100米之遥，发掘出来的珍宝完全可与史莱曼发现的媲美，而且时代与前者基本相当。

在约翰·帕巴底米特里发现圆形墓圈的同一时期，英国考古学家韦思等在独眼巨人墙以西、狮子门之外的地区发掘了9座史前公墓。在这些圆

顶墓中，最大的一座是著名的阿伽门农之父的阿特柔斯宝库。这座墓四壁饰以壁画，人们一直认为迈锡尼君主将他们的藏宝都收藏在此。

迈锡尼古墓疑云

迈锡尼墓掩埋在荒寂的山峦下长达3000年之久。虽然自公元前1100~1453年之间，多利安人、罗马人、哥特人、威尼斯人、土耳其人先后占领希腊，光临过这座黄金之城，但奇怪的是，他们都未能发现埋葬在地下的古墓珍宝。

大约在公元前12世纪，迈锡尼倾国出兵，远征小亚细亚富裕的城市特洛伊，围攻10年方才攻陷。这场旷日持久的战争消耗了大量迈锡尼的人力、物力和财力，从此国势一蹶不振。公元前12世纪末，来自希腊北部的多利亚人摧毁了迈锡尼等城市。迈锡尼城堡、宫殿、墓葬、金银制品的发现再一次证实了《荷马史诗》的真实性，但同时也带来了很多疑问。

迈锡尼城壁垒森严，固若金汤，为何屡遭沦陷？阿特柔斯宝库的石门重达120吨，迈锡尼人是用什么方法将其安置上去的呢？尤为令人困惑不解的是，迈锡尼的大量黄金、珍宝为何在沦陷之后没被人掳去？这一个个问题至今无人能解。

探寻法兰西迷宫宝藏

马丁·路德

赎罪券引发的宗教斗争

　　欧洲16世纪和17世纪是宗教争论的年代。马丁·路德是德国北部的一个牧师，性格聪颖而坚强。他进入雷尔福特圣奥古斯丁修道院当修士，并在1508年成为维登堡大学的神学教授。

　　1513年利奥十世任教皇时，财政濒临破产，为了筹集现款，教廷开始销售赎罪券。就是用一定数目的钱换得一张羊皮纸，允许罪人可以缩短他死后需要待在炼狱里赎罪的时间。路德知道后

宝藏名片

名称：法兰西迷宫宝藏

数量：不详

地点：法国西南部夏朗德

时间：1569年

事件：夏朗德修道院的修道士们
　　　在被屠杀前隐藏了财宝

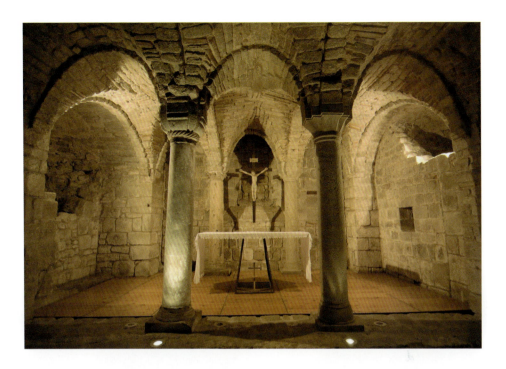

十分气愤，他走到维滕堡的宫廷教堂的门前，在门上贴出一张用拉丁文写着95条论点的布告，攻击教会销售赎罪券。

1520年，20岁的德国皇帝查理五世在沃永姆斯会议上，判定路德是个在神和人面前的不法分子，禁止所有德国人供他吃喝和留宿，禁止人们阅读他所写的书。

路德则无视教皇的权威，自己动手把全部圣经翻译成德语，使所有德国人民都能亲自阅读和理解"上帝的声音"。1546年2月，路德去世。一些支持路德，抵制罗马教廷的教徒成立了新教，出现旧主教和新教两个对立的教派。

大屠杀隐藏起来的宝藏

夏朗德位于法国西南部，虽然只有1000多居民，但也是一座历史名城。1569年，法国科利海军司令手下的一名中尉罗日·德·卡尔博尼埃男爵在占领夏朗德以后，不仅纵火烧毁了夏朗德修道院，还屠杀了所有的修道士。

大屠杀之前，修道士们早已把圣物和财宝隐藏了起来。由于没有一个修道士能逃脱灭顶之灾，这批圣物和财宝也随之成了千古之谜。

几百年来，夏朗德居民一直都会不时地奇迹般地发现一些闪闪发光的金银财宝和各种罕见的圣物。而且每隔7年，在春暖花开的季节，总有不少宣称"修道院的珍宝将出现在圣体显供台下"的布告张贴在夏朗德的大建筑物正门和古老市场的柱石上，这使人们更加坚信，此地一定埋有一笔数量不小的宝藏。

修建在地下的教堂

1562年，有个年轻牧羊人克莱蒙为了逃脱胡格诺派教徒的迫害，躲进夏朗德附近的一个山洞中。他在山洞中偶然发现一个地下通道网，沿着其中一条地道一直走了两天以后，他发现有一个出口就在离夏朗德4000米处一个极为隐蔽的地方。

据克莱蒙讲，这条地道足可以让一名骑士骑着自己的坐骑行进。而且，地道里还有一大一小两座教堂。后来，夏朗德有一群孩子在玩捉迷藏游戏时，在佩里隆家所在地区的一幢老房子下面发现过一条地道。孩子们

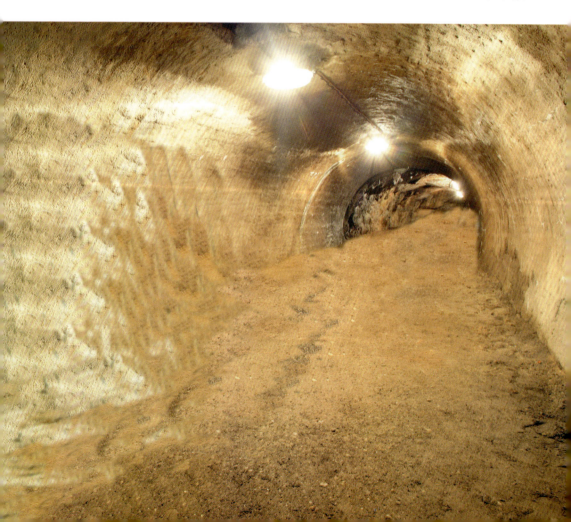

偷偷溜进地道中，借着手电筒的亮光，没走多久就发现远处有一个带三个跨度的拱顶大厅，里面还有一个石头祭台。这个消息传出后，有人猜测，它很可能是一座地下教堂。有人认为是出于一种宗教虔诚，是想表明不但在地上，而且在地下人们都供奉上帝。有的人认为教堂也许是一种标志，很可能是指明财宝藏于何处的标志。

另外，据当地记载，圣索弗尔修道院当年曾修筑有一条20000米长的地下通道，可以直达夏朗德城的楠特伊、昂·瓦莱修道院。夏朗德修道院的财宝，尤其是那些体积大并且价值昂贵的财宝和圣物珍品，像金盘子、大烛台、瓷器，很可能藏在那里。遗憾的是，从这个被认为是地下小教堂大厅伸延出去的地道，已经有1／3地方被塌下来的土所填满，所以，尽管人们众说纷纭，但再也无法考证。

地下迷宫中的宝藏藏在哪

据那幢房子主人的一个孙子说，他小时候曾跟着父亲在这条没完没了的地道中走了一两千米，直至夏朗德河边附近时才发现地道早已被填塞。他父亲经过仔细观察后认为，过去有一些人也曾进入过这个地道，他们很可能发现了一笔财宝，但在挖掘时，由于误触了机关而使地道塌方，结果人财两空。许多人都相信这一看法，也有好奇的人慕名来此，想进入地道看看到底是什么机关。

但遗憾的是，这块地方的主人拒绝任何人进入，这就使进一步的探索无法进行。总之，在夏朗德这座古城，不仅布满着迷宫一般的地下网道和大小教堂，而且还埋藏着中古时代流传下来的一笔难以估价的珍宝，但至今仍没有人能够找到。

Shui Lu Zou Le
Bei Jing Yuan
Ren Hua Shi

谁掳走了
北京猿人化石

发现北京人化石

1918年春，在北京西南郊50千米处的周口店，瑞典籍地质学家安特生首次发现哺乳动物化石。此后，在周口店陆续发现数枚人牙化石，经解剖学家研究，这些化石属于古人类的一个新种属，命名为北京人。

1928年12月2日，北京大学装文中在周口店发掘出一个完整的猿人头骨。1928年12月以后至1937年7月卢沟桥事变前，在周口店经过11年挖掘，又先后发现了40多个北京人的人骨化石及大量石器。

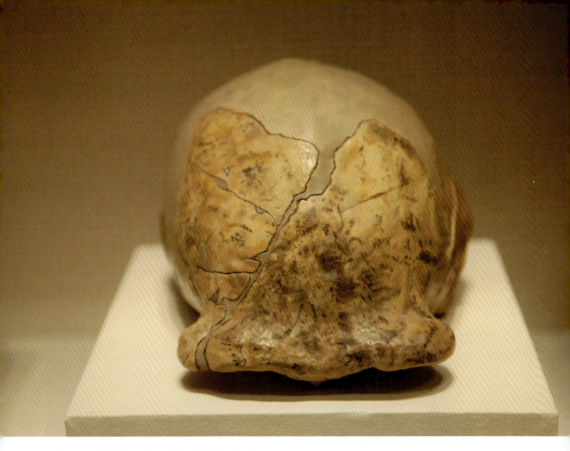

上图：北京周口店出土的北京猿人头盖骨

中国猿人化石当时集中珍藏在北京协和医院的保险箱里，由著名的德国籍人类学家魏敦瑞负责保管并研究。

1941年初，魏敦瑞提出，珍贵的中国猿人化石继续留在日军统治下的北平很不安全，建议将化石暂时转运至美国纽约历史博物馆保存，待战后再运回中国。

经多次交涉，中美双方就此事达成协议。11月中旬，美国驻华大使馆自重庆来电，指令美国驻北京公使馆负责转运事宜。

猿人化石神秘失踪

11月20日，北京协和医院奉命将中国猿人化石秘密装箱。装箱的化石有：头盖骨5枚，头骨碎片15枚，下颌骨14枚，锁骨、大腿骨、上臂骨、

宝藏名片

名称：北京猿人化石
数量：各类化石147枚
地点：北京
时间：1941年
事件：第二次世界大战期间装箱运往美国途中丢失

牙齿等147枚。全部化石分装在两只大木箱内，由美国公使馆运送至美国海军陆战队总部，指令美军上校阿舒尔斯特负责押运。

　　阿舒尔斯特上校命令士兵将两只木箱改装到美军专用标准化箱里，等待装船。按照原定计划，12月11日有一艘"哈里逊总统"号轮船将由上海抵达秦皇岛，然后由秦皇岛驶往美国。

　　美国海军陆战队军医福莱受上校之命，将标准化箱连同他个人的行李共24箱由北京押运至秦皇岛霍尔坎伯美军兵营，福莱将要护送这批化石安全抵达美国。

　　天有不测风云，意想不到的事情发生了。12月7日，珍珠港事件爆发，秦皇岛霍尔坎伯军营被日军占领，美国海军陆战队队员全部成为俘虏。不久，这批俘虏被押送到天津战俘营。过了10来天，美军战俘的行李

北京猿人头骨化石

由秦皇岛转运至天津，福莱医生的行李大部分还在，其中包括装载中国猿人化石的美军专用标准化箱。

福莱医生将他的剩余行李，包括标准化箱，在天津就地疏散了：一部分存放在瑞士商人在天津建筑的仓库里，一部分存放在法租界巴斯德研究所，一部分存放在中国友人家里。疏散前，福莱医生没有打开过标准化箱。战争结束以后，装有中国猿人化石的标准化箱下落不明。中国的无价之宝经美国海军陆战队之手，由北京至秦皇岛，由秦皇岛至天津，最后在天津失踪。

化石究竟流落何处

一种说法是，标准化箱在秦皇岛被装上了"哈里逊总统"号轮船，但该船不幸在赴美途中沉没，中国猿人化石沉入了海底。有人说，轮船没有沉没，而是中途为日军所截获，化石落入日军之手，后来下落不明。

一种说法是，中国猿人化石根本就未出北平城，它被埋在美国驻京公使馆的后院里。一个在美国海军陆战队总部门口担任过守卫之职的卫兵回忆说，珍珠港事件爆发前夕，他看到有两人将一箱东西偷偷地埋在院子里，他估计有可能是中国猿人化石。当年埋宝的地方，现在造有建筑物，因而无法挖掘，真假如何，尚是未知数。

一种说法是，标准化箱被福莱医生在天津疏散后，最终落入了日本人之手。1942年8月，有两个日本考古学家到北京协和医院寻找中国猿人化石。得知化石被转移的消息，日本华北驻屯军司令部指派专人进行跟踪搜寻，关押、拷问了许多人。

中国政府从盟军总部接收的物品清单中，一直没有找到为世人所瞩目的中国猿人化石。为此，当时中国驻日本代表团顾问李济曾多次在东京寻找化石下落，盟军总部应中国政府之邀也动员驻日盟军广泛搜寻，均未果。

据有关人士调查，1949年，瑞士商人在天津开设的伯利洋行曾伙同北京总行进行过走私活动，走私物品不详。

1972年，美国巨商詹纳斯悬赏15万美金，寻找化石下落，世界各地提供了300多条线索，但无一条准确。

北京猿人复原图

大德意志
之宝谜团

希特勒与大德意志之宝

1944年底，当德国在世界反法西斯武装力量联合攻击下即将彻底崩溃前夕，希特勒已在考虑把德国政府的财产隐藏到安全地方去。

在德国战败前5个月，希特勒曾经对他的亲信们表示，德国最后可能会被打败，德意志民族想要熬过这场大难，就必须重新举起文明的火炬，把西方的精粹聚集在自己周围。希特勒说，因为这个原因，我们必须要为未来大德意志帝国的崛起准备一笔巨大的财富。

宝藏名片

名称：大德意志之宝
数量：7000亿法郎
地点：德国境内
时间：1944年
事件：希特勒战败前夕埋藏的
　　　宝藏

　　1945年4月，人们发现有近1000辆卡车在负责转移德国银行的财产，这笔财产按当时的估价相当于3500亿法郎。此外，还有一大批首饰、金条、宝石、稀世艺术珍品，以及纳粹头子们的私人财产、教会财产，还有从意大利、南斯拉夫、希腊和捷克等犹太人身上掠夺来的财产等。

　　这就是大德意志之宝，其总价值估计可达7000亿法郎。1945年大决战前夕，希特勒下令把当时还留在德国的所有财宝以国家财产名义隐藏起来。

被找回的部分宝藏

　　这批财宝有一部分已经找到和收回，其中主要有1945年5月隐藏在上奥斯一座盐井底下的财宝，价值达100亿法郎。

　　随后，人们又找回了秘密警察头子卡顿布伦纳隐藏在奥斯克里加别墅花园里价值10亿法郎的财产，以及1946年埋藏在萨尔茨堡主教府邸地窖里的赫尔穆特·冯·希梅尔子爵的财产。

　　后来，在纽伦堡附近韦尔顿斯坦别墅的钢筋水泥地窖里还找到了戈林元帅的部分私人财产：36个大金烛台、一个银浴缸、一批大画家的名画和极其罕见的白兰地酒等。

人们不禁猜想，被找回的部分宝藏就已经很令人吃惊了，那被隐藏起来的宝藏的价值岂不是个天文数字？

守卫宝藏的暗杀行动

1946年的一天，有一个曾经参加隐藏财产行动的前中尉法朗兹·戈德利奇透露说，有一笔相当大的财宝埋藏在奥地利伦德附近，有30个货物箱被俄国战俘们埋藏了起来。不过，活干完了之后，他们再也不会讲话了，因为他们已经命归黄泉！

就在戈德利奇谈到这笔财宝后不久，他自己也讲不了话了，因为几天以后他也神秘地失踪了。

戈德利奇的兄弟想调查戈德利奇失踪的原因，很快也收到了一封神秘的匿名信，让他即刻放弃调查工作。

同一年，两名寻宝者赫尔穆特·迈尔和路德维格·皮切尔带着精确的平面图，走进了奥地利山区。可是不久，人们就发现了他们的尸体，迈尔的心、肺和胃部被割了下来，塞在他的口袋里。据说，谋杀者是要夺走并

毁掉被迈尔吞进肚里的文件。在离两具尸体不远的地方，人们找到了几处已经空空如也的埋藏财宝的秘密点，这表明，被寻找的财宝已经被看守者谨慎地转移到其他地方埋藏起来了。

1953年5月，在里弗莱科普山区，还发现过另一具尸体和8个已经空荡荡的藏宝处。所有这些稀奇古怪的暗杀和失踪事件明显地表明，隐藏在奥地利阿尔卑斯山区的财宝，被一些秘密的突击队严密控制和守卫着，其他人是轻易难以得到的。

美军寻获假宝藏

美国的武装部队和联邦调查局一直在奥地利托普利兹湖区寻找着希特勒的宝藏，其中有一部分已经找到。托普利兹湖是奥地利施泰尔马克州一个高山环绕的小湖。湖宽为300余米，长近2000米，湖水最深处达103米。湖底水温平均为5.8℃，高于其他同样深度的高山湖。据说，"托普利兹"这个名字来源于捷克语"泰普利斯"，意为暖泉。战后不久，托普利兹湖就吸引来一批批寻宝探险家。由于人的潜水极限在30~40米深，而托普利兹湖深过百米，不久就有7名潜水员因挑战极限而送命。据信，无案可查的实际死亡人数更多。

1943年，纳粹曾在托普利兹湖畔建立了一个海军研究站，在这里试验纳粹德国最绝密的新式武器。战争即将结束时党卫军把试验用的武器、弹药、文件大部沉入湖里。1946年，美军情报部门最先潜入托普利兹湖开展打捞活动。此次行动以失败告终，一美军士兵丧命。 1959年7月，德国技术人员带着超声波探测器和水下摄像机，在托普利兹湖下70~80米深处的湖底确定了16只货物箱的位置，许多货物箱已被打捞上来。

人们在货物箱里发现了伪造得和真的完全一样的假英镑，其价值高达100亿法郎。这批假英镑出自当年萨克森豪森集中营里被德国人关押的伪币制造能手。当年，纳粹德国就是拿这批假英镑发动"伯尔尼哈特行动"来扰乱盟国经济的。

纳粹在萨克森豪森印制了7000多万假英镑，其中一部分据说已进入流通。第二次世界大战结束前，慌乱逃命的纳粹党卫军将成箱的假英镑丢进了托普利兹湖。人们认为，海拔2000米高的托普利兹湖里至少沉没了20多只密封箱，其中除已经找到的假英镑外，还有首饰、黄金、人造宝石和样机原始图纸。因为在1945年那里曾有一个秘密武器研究基地。

德意志宝藏究竟在哪

奥地利抗德战士奥尔布雷克特·盖斯温克雷认为真正的金条埋藏在湖区发现假英镑附近的地方。人们在一个已成了屠宰场的混凝土地下，发现

了当年纳粹德国外交部部长的一个藏有黄金、外币和珍宝的小藏物处。

也有人认为，大德意志之宝的主要财宝已经多次转移，其主要藏宝处分散在山区，主要是在奥地利加施泰因、萨尔茨堡、萨尔茨卡梅尔克附近地区。这些藏宝受到非常严密的监控，非熟悉内情的人看来是不大可能找到它们的。有人认为，主要藏宝点是在奥斯小城周围，该城距萨尔茨堡的直线距离约60千米。奥斯在战争期间是纳粹德国最后顽抗的据点之一，是希特勒在1939年底拟订的方案中的主要战略点。在纽伦堡审讯期间，人们估计有价值两亿多马克的财产被隐藏在奥斯地区。

德国政府和奥地利政府都在竭力寻找这批财宝，法国、美国、苏联和以色列的秘密机构也在窥视这批藏宝。因为从法律上来讲，各方都有权要求得到这笔财产。

不过，谁也无法得知，这批神秘的大德意志之宝最后究竟会落到谁的手里。

隆美尔巨额
黄金谜团

沙漠之狐隆美尔的宝藏

　　德国陆军元帅隆美尔生性凶残、狡猾，惯于声东击西的伎俩。在北非的大沙漠上，他以力量悬殊的兵力与强大的英美联军交锋，出奇制胜，因而赢得了"沙漠之狐"的称号。

　　这个沙漠之狐在北非的土地上疯狂屠杀土著居民，掠夺他们的财富，在很短的时间里就积聚起了一批价值极为可观的珍宝。这批珍宝包括90多箱金币和各种珍奇古玩，还有一只装满金刚钻、红宝石、绿

宝藏名片

名称：隆美尔宝藏

数量：90多箱金币和1个装满各
　　　类宝石的钢箱

地点：北非沙漠

时间：1942年

事件：隆美尔掠夺的财宝

宝石和蓝宝石的钢箱。

　　那只钢箱的财宝太迷人了，可谓价值连城，隆美尔自己本人也不清楚这批珍宝的价值究竟是多少。

　　隆美尔仅动用了这批珍宝的极少一部分。随着战局接近尾声，隆美尔自吹所向无敌的非洲军团全线崩溃。为了不让这批珍宝落入英美联军之手，隆美尔秘密调动了一支嫡系部队，将这批珍宝藏在世上某一个不为人知的角落里。

失踪的隆美尔宝藏

　　1944年，德国法西斯日暮途穷，德军中包括隆美尔在内的一些高级军官谋刺希特勒。10月14日，希特勒派人至隆美尔住所，要隆美尔考虑决定接受审判还是服毒自杀。隆美尔选择了服毒自杀，15分钟后，隆美尔便离开了人世。

　　隆美尔一死，唯一知道这批珍宝埋藏地点的线索便中断了。对于隆美尔这批珍宝，西方一些冒险家们垂涎三尺，朝思暮想，希望有朝一日能发掘出这批珍宝，成为这批宝藏的主人。

　　他们不惜重金，派专家南来北往，查阅有关密档，又千方百计地寻找所有可能知情的人。然而调查的结果是各种传说都有，但均不甚确凿，急得冒险家们抓耳挠腮，一时不知从何下手。

宝藏藏在意大利的传说

　　一种传说是这样讲的，在隆美尔的非洲军团崩溃前夕，沙漠之狐隆美尔曾调集了一支高速摩托快艇部队，命令他们将90余箱珍宝分装于艇中，由突尼斯横渡地中海运抵意大利南部某地密藏。

　　某日晚，快艇部队在夜幕的掩护下秘密出航，按预定计划行动。不料在天将拂晓时，快艇部队被英国空军发现，原来英军情报部门早就密切注视着这批珍宝的去向。

　　英军情报部门除派出大批地面特工人员外，又动用飞机与舰艇，在空中和海上昼夜侦察，随时准备拦截。沙漠之狐老谋深算，竟也有失算的时候。英军发现鬼鬼祟祟的德军摩托快艇后，料定珍宝即在其中，下令从空中和水上不惜一切代价截获。当摩托快艇行至科西嘉附近海面时，德军深知已无望冲出英军密织的罗网，当此绝望之时，隆美尔竟下令炸沉所有快艇，这支满载着珍宝的德军摩托快艇部队就这样在科西嘉浅海区沉没了。从那以后，不时有人用高价雇用潜水员一次一次在科西嘉海底搜寻，可惜一无所获。

宝藏藏在撒哈拉的传说

　　1980年美国《星期六晚邮报》2月号刊载了一篇令冒险家们十分感兴趣的文章《沙漠之狐隆美尔的珍宝之谜》，作者署名肯·克里皮恩。作者称，沙漠之狐并没有用快艇载运珍宝，而是声东击西，将这批珍宝密藏在撒哈拉大沙漠中突尼斯城的一座小镇附近。小镇的附近遍布形状相差无几的巨大沙丘，这批珍宝就藏在某座神秘的沙丘之下。

1942年11月，美英联军北非登陆，次年年初，兵分两路从东西夹击德意军队，前锋逼近濒临地中海的突尼斯城。

1943年3月8日清晨，居住在距突尼斯城不远的哈马迈特海滨别墅里的隆美尔发觉英军已控制了海、空两路，他的珍宝已无法由海路安全运出，于是决定就地藏宝。

3月8日深夜，在隆美尔与他的亲信严密监视下，这批珍宝被分装在15~20辆军用卡车上，车队在汉斯·奈德曼陆军上校的押运下连夜向突尼斯城西南方向行驶，在撒哈拉大沙漠边缘的杜兹小镇停下。

汽车行驶到杜兹后，前方就是大沙漠，无法再向前行驶。汉斯·奈德就购买了六七十头骆驼，将珍宝分装在骆驼上，于3月10日踏入撒哈拉大沙漠。驼队在沙漠中跋涉两天，最后将珍宝按计划埋入数以万计的沙丘之下。负责押送、埋藏珍宝的德军小分队在返回杜兹途中，意外地遭到英军伏击，小分队全部丧生。

藏宝人连同宝藏的秘密一起被撒哈拉大沙漠无情的黄沙埋葬了。撒哈拉大沙漠一望无垠，被人们称之为无情的地狱。隆美尔的大批珍宝有重见天日的一天吗？

探宝人找到稀世珍宝

4岁英国男孩发现罕见的宝贝

2010年11月18日，一名年仅4岁的英国男孩发现了一个罕见的16世纪黄金垂饰，价值估计可达到数百万美元。这个幸运儿就是詹姆斯·哈亚特。令所有人嫉妒不已的是，这竟然是他第一次踏上金属探测之旅。

2009年5月，祖孙三人一起踏上金属探测之旅。在探宝之路上，詹姆斯便不停问祖父有关金属探测器的问题，最后被允许亲自拿着探测器碰

<table>
<tr><td colspan="2" align="center">**宝藏名片**</td></tr>
<tr><td colspan="2">..</td></tr>
<tr><td>名称：</td><td>黄金宝盒</td></tr>
<tr><td>数量：</td><td>1只</td></tr>
<tr><td>地点：</td><td>英国</td></tr>
<tr><td>时间：</td><td>16世纪</td></tr>
<tr><td>事件：</td><td>探宝男孩无意发现16世纪宝物</td></tr>
</table>

碰运气。金属探测器的个头比詹姆斯还大。令人惊讶的是，詹姆斯拿着探测器仅仅几分钟内，他的祖父和父亲便听到几声嘟嘟声，开始声音很小，他们还怀疑是钉子或者硬币之类的东西。不久，他们便听到很大的嘟嘟声，随后便开始挖。

他的父亲——当年34岁的詹森·哈亚特在泥淖中向下挖了20厘米，便看到了一块闪闪发光的金属。他轻轻地把它拉出来，擦掉上面的泥土，发现是一个金盒子垂饰。詹森简直不敢相信自己的眼睛。因为这是一个宗教饰物，年代据信可追溯到16世纪初。根据它的品质判断，它的主人应该是一位地位很高的牧师或者一位皇室成员。

这个方形垂饰上面雕刻的人物好像是耶稣的母亲圣母玛丽亚，双手抱着十字架，身前是圣殿，身后是5朵"滴血的心"（一种花）。它的四周刻有卡斯帕、梅尔基奥尔和巴尔萨泽的名字。在新约中，正是这3位智者在伯利恒之星的指引下来到伯利恒，见证耶稣基督的降生。詹森一家发现金饰后，立即与埃塞克斯的文物部门的联络官和大英博物馆取得联系，大英博物馆对这个小盒进行了进一步检测。这个小垂饰长25毫米，经过严格的检测发现，它是中世纪制造的，黄金比例为73%。3位智者的名字被拼错了，这种雕刻图案在16世纪非常流行。

大英博物馆在回信中说："背板滑开后现出一个小洞，毫无疑问，这

是用来盛装遗物的。表现耶稣受难是中世纪晚期表达虔诚的一种典型方式。铭文中的字母采用的是16世纪使用的伦巴第草写体。这个圣物盒垂饰由黄金打造，年代可追溯到16世纪上半叶。"

詹森说："他们认为这个饰物属于身份尊贵的人。我认为它可能属于教会内地位很高的人或者皇室成员。在外出打猎时，他们可能遗失了这个饰物。我听说这是一个令人不可思议的饰物。" 由于所发现的金饰被正式宣布为"无主宝藏"，可以进行拍卖，詹姆斯一跃成为一名百万富翁。类似的圣物盒售价高达250万英镑，约合397万美元。

美寻宝家庭发现西班牙黄金宝箱

2013年9月4日，美国一寻宝家庭在佛罗里达沿岸海底进行探宝，发现一西班牙黄金宝箱，其价值约为30万美金。

当天里克·施密特与妻子丽莎、孩子希拉里和埃里克在距匹尔斯堡市135米的地方进行探宝。他们在11艘西班牙海军舰艇的残骸中进行搜索。该舰队于1715年从古巴返回西班牙的途中沉没。探寻中，施密特一家发现了这个宝箱，宝箱中有5个金币、1枚金戒指和总长度约为20米的金链子。据估测，佛罗里达沿岸海底的西班牙舰队残骸中的宝藏总价值达4亿美元，现已发现的宝藏总价值为1.75亿美元。此舰队残骸归1715舰队–皇后珠宝有限责任公司所有，该公司对任何想试试运气去海底寻宝的人收取基本费用。

施密特家族已经寻宝多年。2002年，他们曾在海底发现一个古老的银盘，其价值约为2.5万美元。而此次宝藏的五分之一将归佛罗里达州当局所有，其中一部分将在当地博物馆陈列。其余的归施密特家族和1715舰队–皇后珠宝有限责任公司所有。

血雨腥风现黄金

Huang Jin Lu
Shang De
Wu Tou An

黄金路上
的无头案

荷兰人矿坑宝藏

1748年，当时西班牙国王费迪南德四世奖赏给米高·帕拉达一块土地，以表彰他对王室立下的功劳。19世纪时，帕拉达家族的后裔安利哥曾经带着驼队去采过几次矿，每次都是满载而归。据记载，这个矿坑的形状像一个漏斗，矿口朝天，不同于一般的竖坑。

后来由安利哥带去淘金的墨西哥人把坑挖得越来越深，如果背着装满金子的口袋往回爬，是

宝藏名片

名称：荷兰人矿坑宝藏

数量：不详

地点：墨西哥

时间：19世纪

事件：西班牙国王奖赏给帕拉
　　　达家族一座露天金矿

十分困难的。

于是，他们找来长木头，在矿坑里搭起一个架子，并钉上一排粗大的木钉充当楼梯。

就在淘金者干劲十足的时候，阿帕奇人却在怒火中烧，他们把淘金者这种行为看作是亵渎土地，总想伺机把这些人赶走。在1864年，几个墨西哥采金工人骚扰印第安妇女，成为战争的导火索。

阿帕奇人成群结队地攻击墨西哥人，淘金者寡不敌众，事先又无防备，仅在3天之内就被从米奇山脉的这头赶到另一头。安利哥也在这场战争中丧命，他的喉咙被一支阿帕奇人的箭射穿后，掉下峡谷。在这场战争中，只有几个墨西哥人侥幸逃生。

荷兰人矿坑的由来

美国南北战争后，两个德国移民来到此地，一个叫夏洛克·怀兹，一个叫亚戈布·华兹。其实这个金矿是因华兹而得名的，只是人们错把德国弄成了荷兰，因此"荷兰人矿坑"的名字就叫了出去。

夏洛克·怀兹和亚戈布·华兹是一对好朋友，战后一同来到墨西哥创业。在一次打斗中，他们无意间救了安利哥的儿子米盖的命。米盖很感激，便带他们去了矿坑，带回约50000美元的金子。

对于这矿坑，米盖心中总也抹不去父亲惨死的阴影，非常不愿再见到它，所以米盖提出用这块地的契据跟他们两人换应得的那份钱。交易最终做成，从此矿地便成了怀兹和华兹的财产。

三个人分手后，怀兹和华兹又返回矿坑，继续采挖，一直干到弹尽粮绝的地步才停止。两人商量之后，决定由华兹一人回去，多取些食物来。但是没有想到的是，两人的踪迹早被阿帕奇人发现，他们趁华兹离开时，攻击了还在矿坑中的怀兹。

怀兹身受重伤，一路跌跌撞撞，爬过奇拉沙漠，被路人搭救。由于伤

势严重，怀兹在临终前把他们的故事说给了医生听，矿坑的秘密就此公之于众。再说华兹拿着食品赶回矿坑，发现坑边的营地空无一人，而且有迹象表明阿帕奇人袭击了这里。他知道，怀兹肯定是被害死了，便伤心欲绝地离开了矿坑，并且永远没有再回来。一直至多年后他去世的时候，都始终没把矿坑的位置告诉任何人。

消失不见的金矿

1880年，有两名青年曾经找到了矿坑，但他们却都死在返回的路上，显然他们不是被阿帕奇人所杀，而是遭到了某些谋财害命的人的毒手。这样，矿坑的地点再度成为秘密。当地的阿帕奇人发觉来这里淘金的人越来越多，对他们的生存构成了很大的威胁，便下定决心设法阻止这种外来的侵略。他们想出了一个永绝后患的办法，即让矿坑从地表消失。他们利用整个冬天的时间，用泥土和石块把矿坑塞满，然后颇费心机地将表面弄得

和山区其他地方一样，根本看不出挖坑的痕迹。

后来，白人大举挺进，开发土地，并四处追捕、驱赶阿帕奇人，直至把他们赶出米奇山脉为止。从此，阿帕奇人不再是淘金者的威胁，但所有的淘金者也一直没能找到矿坑的所在。

寻宝者的离奇死亡

1931年5月，一个叫阿道夫·鲁斯的人来到米森山区，声称他有一张古老的墨西哥地图，矿坑的地点清清楚楚地标在上面。鲁斯已不是年轻人了，并且那条做过手术的腿里还嵌着银片，因而行动也不太方便。

6月14日，两位向导将他送到迷宫一样的峡谷中，他们看着鲁斯在峡谷的一个水洞旁搭好营地之后，才离开返回。几天过后，鲁斯一直杳无音讯，附近的一位农场主开始担心起来，于是带人去沿途寻找。但在峡谷内，他们只见到了鲁斯的营地和帐篷，却没有看见他本人，估计他至少已离开24小时了。农场主赶到镇上，通知了当地警长，搜救队开始在织针山附近全面搜索。

直至当年的12月，人们才在山脊上一个茂密的矮林里发现了鲁斯的头盖骨，上面有一个弹孔。1932年1月，鲁斯尸骨的其余部分在离矮林很远的地方被陆续找到，人们还找到了嵌在他腿上的那块银片。虽然他提到的那张旧地图已经不翼而飞，但他衣服里的一个记事本，给人们留下了一份十分珍贵的资料。这个记事本中写道："我来，我看到，我征服了！"这似乎表明鲁斯确实找到了金矿。而且记事本中的最后一页是用铅笔很潦草地写着："大约在离山洞60多米的地方"。

令人惊悚的无头案

杀死鲁斯的凶手一直是个谜，可是此事一出，淘金的人却蜂拥而至。第二次世界大战使这股淘金狂潮暂时减弱下来，战争一过仍然是盛况如初。1947

年6月16日，一个叫詹姆斯·格拉维的退休摄影师来到这里，和当年的鲁斯一样，也自称知道矿坑的确切方位。不过看来他要比鲁斯现代化多了，他带着科学探矿装备，乘着直升机抵达米森山区。直升机首先在其中一个山顶上降落，格拉维下去观察地形，辨清方向，以便确定金矿的方位。然后，格拉维很自信地指着其中的一个峡谷说，那就是他的目的地。然而，历史又一次重演，直升机驾驶员查克·莫森斯也成了最后一个见到格拉维的人。

虽然人们尽力搜索这个失踪的淘金人，直至1948年2月，他的尸体才在织针山山顶正东的一个峡谷中被找到。他的尸体的四肢、躯干完整，只是少了头盖骨。

格拉维的头盖骨后来在布拉福泉附近被发现，但杀害格拉维的凶手一直没找到。发生在淘金路上的两桩无头案虽然一直让凶手逍遥法外，但这隐藏在暗处的危险，丝毫没使淘金热降温。人们依然满怀信心，充满希望地寻找着荷兰人矿坑。

| # 寻找琥珀屋的下落

辗转于各国的琥珀屋

琥珀屋于1709年建成，因其屋内所有镶板都是用上等琥珀制成而得名，制造这座豪华居室整整用掉了36吨琥珀，价值5000万美元。制造者为了增加室内亮度，在所有的镶板上装饰了银箔，这更使它成为堪称一绝的世界级珍宝。

琥珀屋的建造者是以追求豪华生活而闻名的普鲁士国王腓特烈一世。

1717年，腓特烈一世为了感谢俄国彼得大帝打败瑞典，除却了普鲁士的心头大患，同时也为了获取俄国的保护，就把这件稀世珍宝连同一艘豪华游艇一起送给了彼得大帝。

不久后，彼得大帝就逝世了，继位的叶卡捷琳娜女皇接受了这件珍宝。她把琥珀屋运到查斯科耶西洛，安装在皇宫内，为了抬高天花板和增加门窗，原来

的琥珀板就不够用了。俄国的设计师又特制了一些窗间镜，它们的豪华精美更使琥珀屋的神韵倍增。1941年，在第二次世界大战中，德国军队以闪电战迅速攻陷了查斯科耶西洛，并占领了叶卡捷琳娜的皇宫，来不及转移

宝藏名片

名称：琥珀屋

数量：1幢（36吨琥珀制成）

地点：俄国查斯科耶西洛

时间：1709年

事件：琥珀屋是普鲁士国王送
给俄国的礼物，二战后
不知所踪

的琥珀屋落到了德国军队手中。德军立即把它拆卸装箱运回哥尼斯堡，仍旧安装在普鲁士王宫原来的地方。

突然失踪的琥珀屋

1945年，法西斯德国战败前夕，苏联军队攻入东普鲁士地区后不久，琥珀屋又一次被拆卸装车，由希特勒的军队押运转移。从此，琥珀屋就在这个世界上销声匿迹了。

第二次世界大战后，苏联政府为寻找琥珀屋的下落，专门组织了调查

委员会。这个委员会进行了长期、大量的调查，可是仍没有一点消息，琥珀屋就像是突然从地球上消失了一样。

第二次世界大战刚结束，委员会就找到了一直为纳粹德国管理琥珀屋的德国考古学家罗德博士，想从他那儿了解到琥珀屋的线索。委员会像对待所有科学家那样对他以礼相待，可是，就在他似乎想说点什么时，竟突然和他的妻子一起暴病身亡。

屋被藏在海底了吗

一些历史学家相信，琥珀屋被纳粹藏了起来，纳粹德军显然梦想在击败盟军后，再重新起出这些财宝。

然而近些年来，越来越多的历史专家和寻宝猎人们都相信，纳粹可能将从圣彼得堡劫掠来的财宝，包括27箱被拆整为零的琥珀屋，全都沉到了奥地利中部死山山脉中的托普利茨湖底！据悉，来自美国全球探险公司的探险家们早就对柏林档案馆中的纳粹历史文献进行了广泛研究，并从中发现奥地利托普利茨湖是最可能的纳粹藏宝湖。

美国探险者还找到了一些当年的目击者记录，根据当时的目击记录，1945年5月，纳粹

奢侈豪华的
琥珀屋

余孽曾经将成车成车的沉重箱子沉入了托普利茨湖底。目击者对这些箱子的描述，完全和那些装着琥珀屋的板条箱相符。

据称，一些探险家已经潜入到托普利茨湖底，并且发现了一个巨大的刻着俄罗斯文字的板条箱，还有未经证实的谣传称，探险者们已经在湖底找到了被称作"世界第八奇迹"的琥珀屋！然而，苏联组成的调查委员会组织经过一番努力证实，虽然从托普利茨湖底共捞出来17个大箱子，可是十分遗憾，里面装的并不是琥珀屋。

黄金屋究竟被藏在哪里

一位负责保管琥珀屋的妇女回忆说，在德军撤退时，一群军人曾歇斯底里地破坏这些艺术品，接着城市又燃起了熊熊大火，那些展品和放置它们的城堡被烧成一片灰烬。因此出现这样一个问题：琥珀屋是否就混同在这批艺术品中？

后来，一封德国人的来信，使人们对琥珀屋仍完整地存在于世上充满了信心。这位名叫鲁道夫·林格尔的德国人在信中提到了他的父亲——一位名叫乔治·林格尔的德军上校，他掌管着一支由中央帝国安全局直接领

导的特种部队。信中讲述了林格尔上校和琥珀屋发生过的一段关系。

信中写道：林格尔上校和他的特种部队直接执行了德国中央帝国安全局下达的藏匿琥珀屋的任务。

很显然，琥珀屋是被藏匿，而不是被销毁了。这封信最重要的价值是其中附带着3份证明信的内容的原始文件，这就增加了信中所述内容的可信度。

这些文件表明，琥珀屋正藏在德国某城市中的一个旧地下室中，地面部分已经被炸毁并进行了伪装。现在，时间已过去了几十年，又没有具体的地址线索，看来，寻找起来也是十分困难的。真是一失落踪迹再难寻。

Bao Bi De Xiong
Nu Wang
De Bao Zang

暴毙的匈奴王的宝藏

席卷欧洲的匈奴骑兵

匈奴民族是一个游牧民族，生活在欧亚大陆北部广阔的草原上。他们自370年侵入欧洲东南部后，在70余年的时间里，以旋风般的速度劫掠了几乎整个欧洲，并建立起一个庞大的军事政权。4世纪中叶，原在中亚大草原一带出没的匈奴人在伏尔加河外出现，首先征服了伏尔加河和顿河之间的阿兰人，然后大举向东哥特人领地进攻，推翻了东哥特人在顿河和德涅斯河之间建立的帝国。376年，他们击败居住在现罗马尼亚一带的哥特人，到达罗马帝国的多瑙河边界，由此拉开了中古欧洲史上持续了200多

年的民族大迁徙的序幕。

在匈奴人的攻击下，大量日耳曼人蜂拥逃向西方，以期在罗马帝国境内寻求庇护。西哥特人后来经罗马皇帝瓦伦斯的允许越过多瑙河进入罗马帝国境内的色雷斯一带避难。令罗马人懊悔不已的是，这些涌入的西哥特人对罗马造成巨大不安定和隐患，也为后来的罗马帝国灭亡埋下了祸根。匈奴人在给予欧洲第一次沉重打击之后，便停留在多瑙河沿岸一带，以匈牙利平原为中心，在中欧地区建立了一个匈奴帝国。入侵欧洲的匈奴王是阿提拉，他是匈奴历史上最著名的统治者。阿提拉时期的匈奴帝国是匈奴征服史上最辉煌的时期。

"皇帝的鞭子"称号由来

432年，各匈奴部族的领导权集中在鲁奥的手里，434年，鲁奥死后，他的侄子阿提拉击败了其长子布莱达，继任匈奴最高统治者。据历史记载，阿提拉虽然表面粗野，而内心却被多年的外交、政治和军事角逐磨炼得十分细腻。阿提拉为人狡诈，野心勃勃，其残暴凶狠程度使整个欧洲都在他面前发抖，他的兵杀到哪里，哪里就意味着会血流成河。欧洲人称他为"皇帝的鞭子"，把他看作是专门来惩罚人类的煞星。441年，阿提拉对巴尔干半岛东部实施了一系列致命的打击，匈奴人摧毁了多瑙河畔的许多城市。数年之后，当罗马使者经过此地时，仍可看见岸边的累累白骨，城内尸臭熏天。此后，高卢地区许多城市都未能免遭厄运，他们侵占了多瑙河之后，于442年被著名的东罗马将军阿斯帕尔阻挡在色雷斯一带。

443年阿提拉再次发起进攻，长驱直入帝国腹地，击溃了东罗马帝国的主力军，兵锋指向君士坦丁堡。东罗马帝国万般无奈之下与阿提拉订立和约，阿提拉强迫东罗马帝国支付6000磅黄金，并将每年要缴纳的贡金增

加两倍以上，即以后每年向匈奴人纳贡2100磅黄金。445年，阿提拉害死兄长布莱达，成为匈奴帝国的独裁君主，并继续他的侵略计划。

阿提拉的宝藏

阿提拉在连年征战中，每踏平一个城市，都要抢掠大批的金银财宝。至5世纪中叶，匈奴帝国已成为横跨欧亚两洲的当时世界上最富有的大帝国，匈奴王阿提拉也是世界上拥有最大权势与最多财富的人。有人统计，在这几十年里，仅仅是东罗马帝国上贡给匈奴王的黄金就达21000磅之多。由于匈奴人一直保持着游牧民族的习惯，不搞建筑，没有更多的开支，而阿提拉又有收藏珍宝的嗜好，因此匈奴人从各地掠夺来的金银和珍宝大多保持着原有的形态。"匈奴王的珍宝"早已是闻名于世的一笔巨大财富，而且阿提拉厉行严酷的专制制度，其臣民稍有不合其意者即遭严惩。因此，在匈奴王国内部，阿提拉的珍宝除他本人和极少数亲信之外，根本无人敢过问，更无人知晓这些珍宝藏在哪。然而，令人难以置信的是，453年，阿提拉在新婚之夜突然死去，据说是来自东罗马的新娘给他暗下了毒药。他死之后，匈奴人把所有参与埋葬阿提拉遗体和宝藏的工人全部处死，没有给后世留下一个活口。世人都不知道阿提拉的坟墓在什么地方，也不知道他那巨额的珍宝藏在哪里。

此后匈奴帝国一蹶不振，渐渐沦落灭亡，但是，一个有关阿提拉的陵墓和宝藏的故事却渐渐流传开来。人们传说，在东欧平原的某个不为人知的偏僻山区，隐藏着阿提拉的秘密墓穴，而举世闻名的匈奴王的宝藏，就埋藏在那地下墓穴之中。

Sha Huang Wu Bai Dun Huang Jin Zhi Mi | 沙皇五百吨黄金之谜

五百吨黄金的传说

　　1919年11月13日，俄国"十月革命"胜利之后，沙俄海军上将阿历克赛·瓦西里维奇·哥萨克率领一支部队，护送着一列28节车厢的装甲列车，从鄂木斯克市沿西伯利亚大铁路向中国东北边境撤退。

　　在这趟戒备森严的列车上，装载着沙皇的500吨黄金。这批黄金都是沙皇从民间搜刮来的民脂民膏。这队人马经过3个月的艰难跋涉，来到了贝加尔湖的湖畔，由于饥寒交迫，有许多人死去了。

宝藏名片

名称：沙皇宝藏

数量：500吨黄金

地点：西伯利亚

时间：1919年

事件：沙皇倒台前夕埋藏的黄金

哥萨克将军发现铁路已被彻底破坏无法通行后，只好命令部队改乘雪橇穿过贝加尔湖去中国边境。冰面上积了厚厚的雪，在冰冷刺骨的暴风雪之中，500吨黄金被装上了雪橇，在武装人员的押送下，雪橇在80千米宽的湖面上像蜗牛一样向前行进着。

就在这时，贝加尔湖面上的冰突然出现了裂缝，据说，哥萨克的所有部队全都掉入了湖里，而那500吨黄金也沉入了水深100多米的湖底。

湖底宝藏竟然是个骗局

事情过去10多年之后，有一个生活在美国的沙俄军官斯拉夫·贝克达诺夫公开了身份，并对人讲："沙皇的这批财宝并没有沉入贝加尔湖，早在大部队抵达伊尔库茨克之前就已经被转移走，并且早已被秘密埋藏了起来。"因为当时的形势已很明朗了，大部队不可能撤退到中国，不论从哪个方面来考虑，最好的做法就是把这笔黄金秘密埋在一个地方。

据这位沙俄军官斯拉夫·贝克达诺夫透露，当时他和一个名叫德兰柯维奇的军官奉命负责指挥了这次埋藏黄金的行动。当时，他俩带着40多名士兵，把黄金转移出来之后，就把它们埋在了一座已经倒塌的教堂的地下室里。

这件事办完以后，他和德兰柯维奇把这40多名士兵带到一个采石场上，用机枪把他们统统处决了。在返回的路上，贝克达诺夫发现德兰柯维奇想暗算他，于是，他抢先一步掏出手枪把他打死了。

因为当时每天都要失踪100多人，因此这些人的死亡根本没有引起注

扑朔迷离的沙皇500吨黄金至今仍无定论

意。就这样，沙俄军官斯拉夫·贝克达诺夫成了现在唯一掌握这笔沙皇黄金宝藏秘密的知情人。

秘密窃取黄金宝藏

1959年，贝克达诺夫曾利用一次大赦的机会返回苏联，并在马格尼托哥尔斯克碰上了在美国加利福尼亚时认识的美国工程师。此人始终没有透露他的真实姓名，只用了一个叫约翰·史密斯的假名。

史密斯在了解了贝克达诺夫的情况后，建议和他一块去当年埋藏沙皇宝藏的地方寻宝。于是，他们在一个名叫达妮娅的年轻姑娘的陪伴下，一起来到了距离西伯利亚大铁路300米处的教堂。在原教堂的地下室，他们找到了仍然完整无损的沙皇宝藏，并取走了部分黄金。

随后，当他们开着吉普车，正要闯过格鲁吉亚边境时，突然一阵密集的子弹扫来。在枪林弹雨中，贝克达诺夫被当场打死，而史密斯和达妮娅则扔下车子和黄金，惊恐万分地逃出了苏联。

如今，这批沙皇宝藏的线索又断了。假如500吨黄金确实没有沉入贝加尔湖底，要找到它，还需要史密斯或达妮娅出来证实才能揭开谜底。

另一种版本

末代沙皇尼古拉二世和当时统领俄国军队的阿历克赛·瓦西里维奇·哥萨克将军为了购买武器，从1914年开始向外国预支了大约500吨黄金，其中支付给日本的黄金价值达数十亿美元。

但是，俄国随后爆发内战，尼古拉二世还没来得及从日本运回武器就被革命者推翻。俄方既没得到预订的武器，也没收到日本退回的黄金。

一位俄罗斯观察家估计，这些黄金连本带息今日价值高达800亿美元。他声称，这批黄金现在还保存在日本三菱银行的地下金库。

1994年，俄罗斯公开文件证明，于1920年被布尔什维克处决的哥萨克将军至少运送了20多箱金条到日本。然而，由于缺乏确凿证据，俄罗斯没能把沙皇黄金问题提到外交层面解决。俄罗斯曾称，东京已承认价值27亿美元的沙皇黄金依然存放在日本。

慈禧满棺
珍宝哪去了

慈禧太后的陵墓

慈禧太后是我国晚清同治、光绪两朝的最高决策者，她以垂帘听政、训政的名义统治中国47年。1908年11月15日，74岁的慈禧病死，被安葬在位于今天河北遵化的定东陵。

然而，令她没有想到的是，在她死后，奢华的陵墓被盗，灵魂不能安宁。慈禧是历史上著名的"奢侈太后"，生前酷爱珍珠、玛瑙、宝石、玉器、金银器皿等宝物。

宝藏名片

名称：慈禧墓葬珍宝

数量：白银上亿两

地点：中国河北遵化

时间：1908年

事件：慈禧死后陪葬

　　关于慈禧的陵墓豪华到什么程度，一些史料也有记载，据说1873年，18岁的同治在平顶山和普陀山为慈安和慈禧选了两处墓地，两个陵都于当年的8月同时动工，1880年6月同时完工，耗时6年。史料记载：耗银共达500多万两。据估算，仅慈禧太后棺内填空的珠宝就值近230万两白银，而陪葬品则值白银上亿两。

数不清的奇珍异宝

　　李莲英是慈禧太后最信任的太监，慈禧死后，往棺内藏宝时，他也是参与者之一。在李莲英和侄子合写的《爱月轩笔记》中，详细记载了慈禧随葬品的种类、数量、位置以及价值等。

　　书中记载，在慈禧棺内，底部铺的是金丝织宝珠锦褥，厚7寸，镶有大小珍珠12604粒、宝石85块、白玉203块。锦褥之上铺着一层绣满荷花的丝褥，丝褥上铺珍珠2400粒。

　　盖在慈禧尸身上的是一条织金陀罗尼经被，被子用明黄缎捻金织成，上面织有陀罗尼经文25000字。经被上还缀有820粒珍珠，盗墓者拆走珍珠后，就将这条价值连城的经被弃之于地，1979年清理地宫时才被发现。经被之上还缀有6000粒珍珠，也是无价之宝。

　　入殓时的慈禧头戴镶嵌珍珠宝石的凤冠，冠上一颗珍珠重200克，大如鸡蛋，当时就值白银1000多万两，凤冠价值则可想而知；口内含夜明珠一粒，据传，夜间百步之内可照见头发；脖颈上有3挂朝珠，其中两挂是珍珠的，一挂为红宝石的；身穿金丝礼服，外罩绣花串珠褂，足蹬朝靴，手执玉莲花一枝。

据说，慈禧棺内最珍贵的陪葬品要属用白玉雕成、号称可以"烟云流动"的九玲珑宝塔了。慈禧棺内还有4个翡翠西瓜、两个白皮黄籽粉瓤、两个绿皮白籽黄瓤，价值600万两白银。而台北故宫博物院中珍藏着一棵翡翠白菜，是其镇馆之宝，很可能就是慈禧陵中流失之物。

慈禧陵墓被盗

1928年，驻守在河北遵化清东陵附近的国民革命军第十二军军长孙殿英决定盗掘慈禧的陵墓。7月1日，盗墓的士兵终于找到了慈禧陵墓地宫的入口，从明楼下进入古洞门，过道尽头是一道浇铸了钢筋的墙壁，地宫入口就在这道"金刚墙"下。

7月4日，两座陵墓被炸开。进入慈禧地宫中的盗墓士兵没有想到，走进主墓室竟非常顺利，没费什么事就见到了棺椁与陪葬珍宝。

慈禧的主墓室是一个完全由汉白玉石铺砌的石室，正中是一座汉白玉石台，也就是宝床，在石

台上面，停放着一具巨大的棺椁，这就是慈禧太后的梓宫。两侧的两座石墩上，则放着记录慈禧谥号的香宝和香册。盗墓者是怎样打开慈禧棺椁的呢？这曾经是一个谜。

直至多年以后，一本叫《世载堂杂忆》的书披露了一名据称曾参与盗陵的连长的回忆，这个谜才被解开。据这名连长叙述，为撬开慈禧的内棺，匪兵用大刀和斧头将光芒四射的金漆外椁劈砍得七零八落。

匪兵们把砍碎的木头搬开后，一具红漆内棺就出现在人们眼前。由于怕刀斧损伤棺内的宝物，当官的就命匪兵小心谨慎地用刀撬开内棺。

将棺盖揭开后，只见霞光满棺，盗墓的士兵每人拿着一个大电筒，然而棺内珠宝的光芒竟压过了手电筒，盗墓的士兵们都感到很惊奇。而棺材中慈禧太后的尸体面貌如生，只是手指上长出了一寸多长的白毛。

无数的珠宝堆积在慈禧棺材中，价值无法估算。棺材中大点的珠宝被率领掘墓的官长取去，而一些小的金银珠宝则被这些士兵们偷偷地放进自己的衣袋中。而且，当时的长官还下令，扒掉慈禧太后尸体上的龙袍，将贴身随葬的珠宝搜刮一空。随后，这些被盗的奇珍异宝就随着盗墓者的转卖流失了，至今仍然没有完全找回来。

小岛上的
喷物洞

能喷珍宝的喷物洞

　　1795年，有人在加拿大哈利法克斯市东部的一个叫马洪拜的小岛上发现了一个神秘的深坑。自从被人发现起，这个坑里就不断地冒出一些古物和财宝，其中有古币、剪刀、金箔、线团、盔甲、短剑、宝石、耐水木料和首饰等，人们称这个神秘的深坑为"喷物洞"。它使一个难以引人注目的小岛成为不少科学家和探宝者关注的地方。

　　1797年夏天，一位加拿大青年，在树林中散步时无意中发现一个小坑

宝藏名片

名称：西班牙黄金船队
数量：5000辆马车黄金
地点：西班牙西北部维哥湾
时间：1702年

旁边有几枚古币和一把小剪刀，他好奇地用树枝向下挖了挖，又有一些物品从土中喷出来。这使他感到十分惊奇，于是，他找了一些人在这里开始挖掘。

他们推测，下面很可能是人类的宝藏，或隐藏巨大秘密的地方。但由于资金有限，开掘力量有限，发掘这个坑洞的工作就被搁置起来。

引人入胜的宝藏诱惑

直至8年后，另一位加拿大人西米昂·林德斯组织了一支20多人的探险队，才又到这里继续挖掘，他找了一些人在那里开始挖掘。每向下挖一点，都会有所收获，虽然不是巨大财富，可是却吸引着人们继续干下去。挖至10米深处，遇到了一个木制平台，阻挡了人们继续向下挖。这是一个用防腐木料制成的平台，仍然很结实，他们费了很大的劲才拆除了它。他们一直再向下挖了30多米，每隔10米，就遇到一个防腐木制平台，他们一共又拆除了3个这样的平台，挖到90米深处，遇到了一块盖在下面坑口上的石板。

上面刻有"深渊的下面埋着举世无双的珍宝"的字样，这使这些掘进者们兴奋不已，胜利在望，"喷物洞"就要揭秘了，而且很可能将会获得巨大的财富。工程太艰巨了，可是平台的出现更诱发了人们的探宝欲望，下面很可能是人类埋藏的宝藏，或隐藏巨大秘密的地方。他们完成了巨大的工程量，然而，他们下挖了不久之后，地下水湍急地喷涌而出，坑口瞬间就被淹没了。人们只能空怀希望，望水兴叹。"喷物洞"之谜又没能解开。

这里是海盗宝藏的埋藏处吗

又过了近半个世纪，法国人组织力量再探此洞，他们避开原洞口，试图从周围挖坑道接近水下的深洞。但喷涌而出的地下水依然是他们的拦路虎。

也许是被他们这种持之以恒的努力所感动，1897年的一天，地下深处忽然传递给他们一个重要的信息。那天，人们正在抽水，波浪却将一张油纸从水中浮到人们的眼前。人们拾起这张纸，看到纸上写着"威廉·基德"的字样，这使水下的财宝一下子有了线索。

　　威廉·基德是世界著名的大海盗，一生作案无数，1701年被英国政府捕获后处死。他死前曾多次求饶，愿意以巨额财富换取生命，但他的请求都被断然拒绝了。看来，喷物洞底就是他的藏宝之处。威廉·基德是一位极富争议的船长。他曾是一位家境富裕的苏格兰移民，也曾经是一名战争英雄，后成为赏金猎人，最后却以海盗罪被处死，但他至死不承认自己是海盗。他是海盗史上最有名的家伙，有"海盗之王"的称号。

　　这个发现使原本就神秘的坑洞更加诱人，因为据权威人士估计，这里埋藏的威廉·基德的财宝总价值达数10亿美元之多，只是现在人们仍然没有好的办法挖到下面的宝藏。

　　这个坑洞是海盗威廉·基德的藏宝地吗？这个"喷物洞"下究竟埋藏了什么秘密？这一切还要找到这批宝藏才能解释，而科学界则更着迷于研究这个地方原来为什么会发生往上喷物的现象。到目前为止，探险者们仍然没有放弃这个神秘的"喷物洞"。

神秘失踪
民族的珍宝

神秘消失的赛西亚人

公元前5世纪中叶，在欧洲东部和亚洲中西部的茫茫大草原上，有个神出鬼没的民族曾称霸一时，他们就是消失了多年之后仍然给人留下深刻印象的赛西亚人。在欧洲人的传说中，赛西亚人嗜血成性，有时甚至把敌人的头皮剥下来，缝制成外衣、斗篷、披肩和坐垫来使用，以至于后来在世人心中成了野蛮和凶狠的代名词。

赛西亚人纵横驰骋于高加索山脉到里海、黑海之间起伏不平的山地，他们骑着骏马从高加索山脉东面的隘口向亚洲北部席卷而来，在波斯边境到处制造恐怖、屠杀和抢掠。凡是试图抵抗他们的地方，都在顷刻之间变

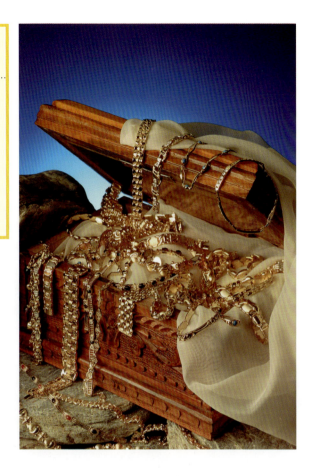

宝藏名片

名称：赛西亚人珍宝
数量：不详
地点：克里米亚
时间：公元前5世纪
事件：赛西亚人劫掠的珍宝

成血与火的海洋。但令人疑惑不解的是，这个在欧亚大草原上驰骋了几百年之久，并在古代文化史和军事史上留下了浓重痕迹的民族，此后却像流星一般，突然神秘地消失了。

至今，历史学家们都弄不清赛西亚人究竟来自何方，也不知道他们最终去了哪里。

崇拜黄金的民族

这个没有文字的民族，不仅善于在战场上制订战略战术，而且有对黄金的虔诚崇拜。几百年的统治，使这个民族极为富有。赛西亚人拥有大量的黄金，不仅是统治者，即使是平民百姓，也个个能展示出精美绝伦、玲珑细微的黄金制品来。据历史学家考证，赛西亚王室极为小心地保护神圣的黄金，而且每年还为它举行盛大的祭祀。有人认为，这个民族不仅仅崇拜黄金，而且疯狂地偏爱黄金艺术品。

从赛西亚人王室墓地里发现的大量金器，有马梳、脚镫、酒杯、剑鞘、头盔和指环等大量极具艺术价值的黄金艺术品，足以说明嗜血成性的赛西亚人制造起黄金制品来，又是多么的细腻、精致和极具耐心。那么，赛西亚人是从何处而来，为什么神秘消失得无影无踪？他们是如何造出这么精致的金器来的呢？他们的黄金制品除了墓葬里的少部分之外，大部分又隐藏在哪儿呢？

赛西亚宝藏的流失

　　1715年，一名西伯利亚矿场场主向沙皇彼得大帝呈献了一批金器，赛西亚人的黄金制品从此闪耀在世人面前。

　　随着赛西亚人王室的第一个墓室被打开，一批约20件精致的金器呈献给彼得大帝。然而，随后发生的事情令彼得大帝始料不及，盗墓的越来越多，许多墓室被从各地来的盗墓贼私掘盗窃，彼得大帝于是下令禁止继续挖掘，并规定发现所有赛西亚的宝藏都要献给王室。但此时盗墓之风已经很难根绝，1725年，彼得大帝死后，盗墓贼更加猖獗。随着一次次疯狂的盗墓，赛西亚人精美的黄金制品不断地流失。

赛西亚人是如何消失的

赛西亚人的日常生活中，黄金占很重要的地位。至于他们黄金的来源，据说出自遥远的极北地方，即现在的西伯利亚。传说那里住着一个独眼民族，叫阿里马斯比亚人，他们从鹰头狮身的守护兽手中把黄金夺过来。人们发现，赛西亚人把金光闪闪的黄金大都做成黄金板、黄金项链、梳子或者马鞍上的装饰等可以随身携带的物品，这可能只因为他们是游牧民族，没有墙也没有门供他们绘画和展示。有人分析认为，赛西亚民族之所以神秘消失，可能是被另一个比他们更强大、更凶残的游牧民族赶出了草原。至于这个游牧民族是谁，有些历史学家认为是公元前350年开始渡过顿河渐向东侵的萨尔马特人，但也没有什么可靠的证据。

赛西亚人的宝藏藏在哪

有学者认为，赛西亚人的最后一个据点是克里米亚半岛，他们曾在那里建立一个繁荣的首都聂阿波里斯。而他们那些珍贵的黄金制品，很可能就埋藏在克里米亚沿海一带不为人知的地方。据说19世纪时，俄国沙皇、土耳其人和英国人都曾试图在克里米亚挖掘这些黄金，但都一无所获。

有些寻宝者认为，这笔价值巨大的珍宝现在还悄悄地沉睡在克里米亚的某个地下宫殿里，然而至今没人找到任何线索。

Luo Hao De
Dao De Hai
Dao Yi Chan

洛豪德岛的海盗遗产

令人疯狂的藏宝图

在澳大利亚，有一个名为洛豪德的小岛，相传岛上藏有无数财宝，周围海底也铺满耀眼炫目的宝石。17世纪70年代，一位名叫威廉·菲波斯的人在偶然中发现一张有关洛豪德岛的地图，图上标有西班牙商船"黄金"号的沉没地，他欣喜若狂，感觉到一个发财的机会到来了。

原来，"黄金"号商船有一段神秘的故事，那是在16世纪50年代至70年代，西班牙人沿着哥伦布的航迹远征美洲，从印第安人手里掠夺了无数金银珠宝，然后载满船舱回国。然而，他们的行动被海盗们觉察了。于是，海盗们疯狂袭击每一艘过往的商船，杀害船员，抢夺了大量的财宝。但是由于财宝太多，海盗们无法全部带走，于是将剩余部分埋藏

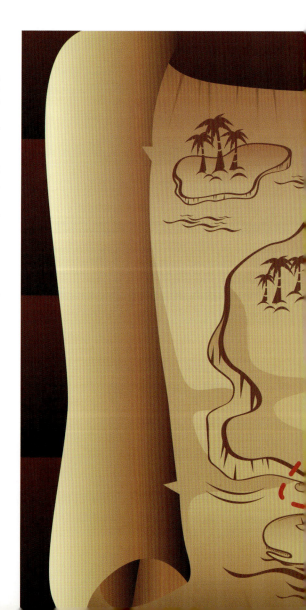

在洛豪德岛，并绘制了藏宝图，海贼们歃血立誓表示严守秘密，以图永享这笔不义之财。

哪知海盗们终归是海盗，哪有信用可言，一些阴谋者企图独吞宝藏，一时间血肉横飞，一场火拼留下了具具尸体，胜利者携带藏宝图混迹天下，过着花天酒地、骄奢淫逸的生活，而藏金岛的传说也不胫而走，风靡世界。

海底的宝藏还存在吗

　　菲波斯怀揣这张不知真假的藏宝图，登上荒岛，四处勘察，无意中脚陷入沙中，触及一块异物，经发掘是一丛精美绝伦的大珊瑚，在珊瑚内竟又藏有一个精致木箱，箱中盛满金币、银币和珍奇宝物。菲波斯狂喜万分，他在找到这个海底的宝藏后，继续在岛上待了3个月。在菲波斯疯狂地寻觅下，他整整找到了30吨金银珠宝。无数的金银珠宝装满了他的帆船，他实现了发财梦。

　　菲波斯发横财的消息像飓风一样传开去，一股寻金热席卷洛豪德岛以及附近海域，流浪汉、冒险家甚至王公贵族们都不远万里来到这个荒岛，人们认为菲波斯发现的财宝仅是海盗遗产中很少的部分，那么更多的宝藏又在哪里呢？海盗的遗产成了一个充满诱惑的谜团。

宝藏名片

名称：洛豪德岛财宝
数量：不详
地点：澳大利亚洛豪德岛
时间：17世纪
事件：16世纪西班牙人掠夺的财
　　　宝被海盗所劫遗留该岛

赤城山深藏的黄金

为何将赤城山选为金库

　　赤城山是日本的一座金库，据估计，赤城山金库埋藏的黄金价值高达400万两，折合日元约100万亿，而1987年日本的财政预算才只有54万亿日元。

　　赤城山存储黄金，大约是19世纪60年代的事。当时日本国内存有的黄金大量外流。由于黄金的剧烈流失，不利于当局贮备财产，当时

宝藏名片

名称：赤城山黄金

数量：400万两

地点：日本赤城山

时间：19世纪

事件：日本政府为控制黄金外流贮存的黄金

日本最高执政官井伊直弼便以贮备军费的名义，亲自控制赤城山整个黄金贮藏计划。

由于赤城山地处根川与片品川两河之间，四周是延绵起伏的高山，并且属于德川幕府的根据地，易守难攻，同时也易于保守机密，因此德川幕府直辖的赤城山便被选为了黄金贮库。

1860年3月3日，正当井伊秘密藏金之际，改革派武士便将他刺死在了江户的樱四站外。他死后，属下小粟上野介和林大学头继续执行埋金计划。

直至19世纪60年代末，倒幕派

取得胜利，属于幕府的江户时代宣告结束，这个计划才被打断。1868年7月，明治天皇出掌大权，改江户为东京，赤城山的藏金秘密就成了一个世纪之谜。

三代人寻找地下金库

几百年来，有不少探宝者妄图一夜之间成为巨富，纷纷到赤城山考查。1905年，岛追夫妇有幸在此捡了几个装有黄金的木樽，1962年，又有57枚日本古时纯金薄片在一次修路过程中被发现。经证实，这些椭圆形的

金片为古币。

　　水野智义是中岛藏人的义子，中岛藏人临终前曾告诉他，赤城山藏有德川幕府的黄金，藏宝点与古水井有关。于是，水野智义便萌发了寻找赤城山黄金的念头。他变卖家产筹款16万日元，开始调查藏宝内幕。并得知1866年1月14日，有30名武士雇了七八十人突然出现在津久田原，运来极其沉重的油樽22个、重物30捆，在此处逗留近一年。

　　1890年5月，水野智义从一口水井北面30米的地下挖出了德川家康的纯金像，并推测这座金像是作为400万两黄金的守护神下葬的。不久，水野智义又在一座寺庙地基下挖出了三枚铜板，但它们所含之谜却无人读懂。1933年4月，水野智义发现一只巨型人造龟，这就是第一代水野为之奋斗一生的收获。

　　第二代水野爱三郎子继父业，在人造龟头下发现一空洞，洞内有五色岩层，不知是天然形成还是人为造成。

　　第三代水野智子进一步在全国了解有关赤城山黄金的传说，他与人合作利用所谓特异功能来寻宝，但收获甚微。水野家三代在赤城山的发掘坑道总长22千米，却仍没有寻到藏金点。

　　这些资产哪里去了呢？总不能不翼而飞了吧？赤城山宝藏被藏起来的

可能性还是比较大的。另外，水野一家三代的发掘收获也是一种证明。

1895年，有人用最新金属探测器在水野家挖的坑道内发现有金属反应，经分析此处地层内又极难存在天然金属，有可能是德川幕府的藏金所在。但由于这个地方地质松软，要挖掘需要有强力支撑物，只能暂时作罢。

据埋金计划执行人之一玉总兵卫在其所著《上野国埋藏理由略述书》记载，当时从江户运出了360万两黄金。小粟上野介的仆人中岛藏人在遗言中又说道，曾从御金藏中运出24万两黄金，加上其他的金制品，赤城山宝藏总藏贮量达400万两之巨。

山下奉文
宝藏之谜

马来之虎的宝藏

山下奉文是第二次世界大战期间的日本陆军大将，曾任侵略东南亚的日本第十四方面军司令官，由于性情残酷、作战勇猛，被日本人称之为"马来之虎"，其人战后作为战犯已被绞死在马尼拉。

史料记载，山下奉文占领新加坡后，对当地华人进行残酷的大屠杀，约有10万多名华裔在这次屠杀中惨遭重机枪扫射丧命。到后来为了节约子弹，他命令把人绑成一串装上船，到离海岸10000米左右的地方将人推到

海里。这便是著名的是新加坡大屠杀。

在屠杀的同时，他还大肆聚敛这些华人的家财，要华侨交出5000万元俸纳金。山下奉文给的理由是："华侨支持重庆政府抗日，这笔俸纳金是你们向日军赎罪的买命钱。"他成立了南洋华侨协会，要70多岁的华侨长老林文庆博士担任会长，并要他以协会的名义去负责筹集1000万元。

这个曾经涂炭生灵、搅得东南亚人不得安宁的魔鬼，就是死后也搅得当地人心神不宁、着魔疯狂。据说此人死前曾和他的部下在东南亚掠夺、搜刮了大量金银财宝和各国货币，放在菲律宾的某处。山下奉文曾在圣地亚哥驻扎过，当时此地曾经是日本宪兵的宿舍，被认为是最有可能埋藏着山下将军巨额财宝的地方。第二次世界大战之后这么多年来，有关这笔财宝的传说扑朔迷离，时而活灵活现，时而又销声匿迹。

宝藏名片

名称：山下奉文宝藏
数量：不详
地点：菲律宾
时间：20世纪40年代
事件：侵略、掠夺东南亚财宝

山下的宝藏真的存在吗

早在1975年，当时的菲律宾总统马科斯就曾委托国际贵金属公司来人商谈菲律宾寻宝事宜。这家公司在从事寻找黄金和贵金属方面很有经验，当事情略有进展时，公司方面听说马科斯要杀人灭口，于是烧掉标明可能隐藏财富的170多个地点的地图，逃回了美国。1983年马科斯宣称，已经在圣地亚哥要塞地下找到了财宝，不久将公布于世。但马科斯此举只是想让那些打山下奉文宝藏的人死心。实际上，直至马科斯下台，他也未能见到任何财宝的踪影。另外，据说山下奉文搜刮的财宝最后装上了"阿波丸"号。1945年4月1日，日本万吨巨轮"阿波丸"号在中国台湾海峡牛山岛海域遭美军潜艇"皇后鱼"号袭击后沉没。2008条生命永沉海底。时至今日，围绕着它依然存有许多未解的谜团。

继续寻找山下宝藏

但这些并不能让那些为财宝而着迷的人死心，不少菲律宾人仍和外国人纷纷合作成立探宝公司，在菲律宾全国到处寻宝，因为据说山下奉文的财宝还不止埋在一处。一些被认为是藏宝的古墓、城堡、历史古迹、教堂和校园等，都已被挖掘得面目全非。可是，包括圣地亚哥要塞在内，至今仍一无所获，到底山下奉文藏没藏财宝，藏了多少，尤其是藏在哪里，这些至今还没有一个人能说个明白。或许这就是那个不可一世、双手沾满东南亚人民鲜血的刽子手给菲律宾人民留下的最后一个不祥之梦。